CRYSTAL PEARL
LUXEMBOURG

AIDA cara

Dieter Brumm

Kleines ABC des Nord-Ostsee-Kanals

Fotografien von Günter und Roland Pump

Husum

Einleitung

Vor mehr als hundert Jahren von Menschenhand geschaffen hat der Nord-Ostsee-Kanal (NOK) nichts von seiner Bedeutung verloren, die ihm einst Kaiser Wilhelm zugedacht hatte. Im Gegenteil. Mit alljährlich mehr als 40 000 Schiffspassagen und einer deutlich zunehmenden Gütermenge konnte sich der NOK als meistbefahrene künstliche Wasserstraße der Welt behaupten. Der NOK, der in der Internationalen Schifffahrt Kiel-Canal genannt wird, ist das Tor nach Skandinavien und ins Baltikum. Die Großwasserstraße erspart der Schifffahrt die Fahrt durch das Skagerrak. Immerhin eine Verkürzung der einfachen Wegstrecke von etwa 250 Seemeilen. Technisch ist der NOK so ausgestattet, dass sein Betrieb 365 Tage im Jahr rund um die Uhr gewährleistet ist, und dies bei fast jedem Wetter.

Der exakt 98,637 Kilometer lange Kanal verbindet die Nordsee mit der Ostsee. Er verläuft mitten durch Schleswig-Holstein, führt im Westen von Brunsbüttel aus durch die Marschenlandschaft der Elbeniederung, schneidet sich östlich von Rendsburg durch

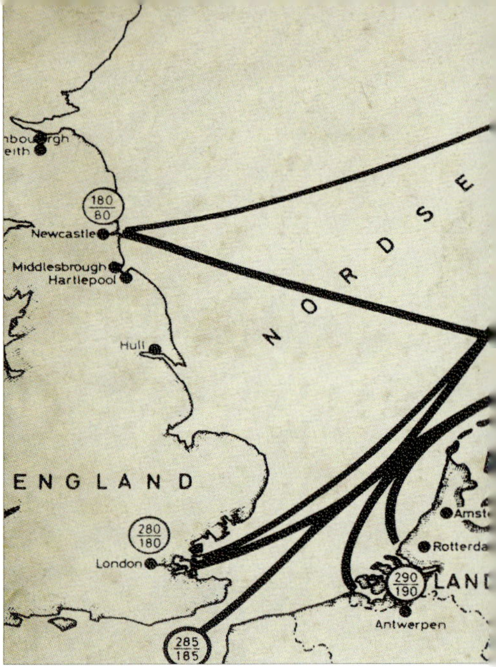

das hügelige Holstein und endet schließlich an der Ostküste in Kiel-Holtenau. Dabei verläuft er nicht immer gerade, ist an einigen Stellen kurvig, durchtrennt Dörfer und Seen.

Der NOK ist aber nicht nur eine künstliche Wasserstraße, die das Land durchschneidet. Von ihm geht eine ganz besondere Anziehungskraft aus. Dies liegt an der Vielzahl und Vielfalt der ihn nutzenden Schiffe. Es werden

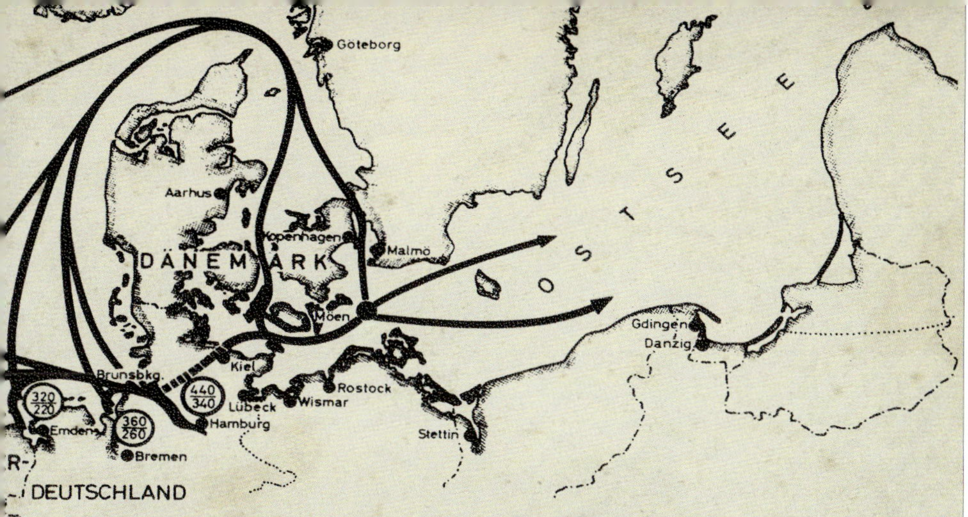

Die Wegvorteile durch den Nord-Ostsee-Kanal
(in Seemeilen)
gegenüber dem Weg um Skagen

im Jahr annähernd hundert verschiedene Flaggen registriert. Dies dokumentiert, dass auf dem NOK der Weltverkehr zu Hause ist.

Einen zusätzlichen Glanz verleihen ihm die Kreuzfahrtschiffe, die immer wieder tausende Menschen an die Ufer locken, die über die riesigen Schiffe staunen und von fernen Ländern träumen. Im Sog dieses Traumschiff-Booms gewinnt der gesamte Tourismus entlang dieser Großwasserstraße an Bedeutung. Der NOK ist vor allem zum Ziel von Radtouristen aus ganz Deutschland und darüber hinaus geworden. So gilt die „Straße der Traumschiffe" als eine der spannendsten Routen Deutschlands. Wo sonst können Radler mit Traumschiffen und Containerriesen um die Wette fahren?

ARCTIC FOX

Atrium

Selbst per Knopfdruck bestimmen, welches Schiff auf dem Nord-Ostsee-Kanal Vorfahrt hat – das ist nur im „Atrium" möglich. In dem Informationszentrum an den Brunsbütteler Schleusen erfährt der Besucher nicht nur alles Wissenswerte über den Kanal, er kann auch selbst die komplizierte Technik betätigen. Aber natürlich nur an Modellen. Die sind so anschaulich, dass auch Kinder zum Beispiel das Signal-System in Betrieb setzen und so Schiffe durch den Kanal lenken können.

Die Führung durch das „Atrium" beginnt an einem richtigen Radar-Arbeitsplatz. Auf einem Monitor sind die genauen Positionen der ankommenden Schiffe auf der Elbe zu erkennen, auf einem zweiten Computer steht die aktuelle Liste der „Pötte", die geschleust werden sollen. Die interessierten Besucher können genau verfolgen, wann welches Schiff in welche Kammer einlaufen darf und welchen Platz es vom Schleusenmeister zugewiesen bekommt.

Gleich neben dem Radar-Arbeitsplatz befindet sich ein Kinoraum, in dem ein Film über den Kanal gezeigt wird. Dort erfahren die Besucher auch viel über den Bau der Wasserstraße. Die Historie des Kanals wird zusätzlich an großen Bildwänden dokumentiert. In Glasvitrinen sind zudem Exponate ausgestellt, die von Kaiser Wilhelm II. stammen. Das Prunkgeschirr, mit dem er nach der Fertigstellung des Kanals den Schlussstein setzte, besteht aus einer geschnitzten Holzschale sowie Hammer und Kelle. Auch das Gästebuch, in das sich unzählige Staatsgäste während der Einweihungsfeier in Kiel-Holtenau eintrugen, ist noch in einem sehr guten Zustand. Umrahmt wird es von verschiedenen Gedenkmünzen, die extra zur Fertigstellung des Kanals geprägt wurden. Eine stammt von der Holland-Amerika-Linie.

Dass der Kanalbau damals eine Weltsensation war, unterstreichen ausführliche Berichte in ausländischen Zeitungen. In einem ungarischen Blatt wird am 24. Juni 1895 sogar ein großes Foto von der Levensauer Hochbrücke abgedruckt. Ein Modell von der kaiserlichen Yacht „Hohenzollern" ergänzt den geschichtlichen Rückblick im Kanalmuseum.

Im Kleinformat zu bewundern ist im

Im Modell dargestellt ist die Schleusenanlage.

„Atrium" auch die erste Prahmfähre, die auf dem NOK zum Einsatz kam. Sie war nur 15 Meter lang und wurde 1911 durch eine 30 Meter lange Dampffähre ersetzt. Die nächste Fähr-Generation hatte dann schon einen richtigen Motor.

An einem Modell dargestellt ist ebenso der gesamte Verlauf des fast 100 Meter langen Kanals. Alle Fährstationen, Schiffe, →*Brücken*, →*Tunnel* und →*Schleusen* sind zu sehen. Eine Schleuse können die Besucher zudem selbst in Betrieb nehmen, sie müssen nur einen Knopf drücken.

Insgesamt werden pro Jahr etwa 80 000 Besucher im „Atrium" sowie auf den Aussichtsplattformen der Schleuse gezählt, darunter zahlreiche ausländische Touristen, wie das dicke Gästebuch dokumentiert.

Das „Atrium" ist von Mitte März bis Mitte November geöffnet, die Schleusenanlagen sind von zwei Aussichtsplattformen aus das ganze Jahr über zu besichtigen.

Ausflugs-Flotte

Nicht nur am Ufer, auch auf dem Wasser lässt sich der Nord-Ostsee-Kanal erleben. Dies ermöglicht die Ausflugs-Flotte, die ihren Gästen spannende Fahrten bietet.

Nostalgisch geht es auf dem Raddampfer „Freya“ zu, der bereits mehr als 100 Jahre auf dem Buckel hat und bundesweit bekannt ist. Er war schon als Versorgungsschiff, königliche Yacht und Charterschiff im Einsatz. Mehrmals wurde der 1905 in Holland gebaute Serien-Raddampfer umgetauft. Zuerst hieß er „Westerschelde“. Den Namen „Freya“ erhielt das Schiff 1999 in Erinnerung an die Sylter Dampfschifffahrts-Ära. Trotz ihres hohen Alters ist die alte Dame der Adler-Reederei (Sylt) noch in Bestform. Mit ihr werden das ganze Jahr über Kanalfahrten angeboten. Da die NOK-Touren immer beliebter wer-

Mit dem Raddampfer „Freya“ kann man das ganze Jahr durch den Nord-Ostsee-Kanal fahren.

den, hat die Reederei seit der Saison 2006 zusätzlich die „Adler Princess" im Einsatz. Während die „Freya" ab Kieler Bahnhofskai in den Kanal fährt, legt die „Adler Princess" vom Rendsburger Kreishafen ab. Zusätzlich nimmt das Schiff von Rendsburg aus Kurs auf Hamburg.

Neben der „Freya" fährt von der Landeshauptstadt die Schlepp- und Fährgesellschaft Kiel mit ihren Fördeschiffen durch die →*Schleusen*.

Die „Nordstern" am Brunsbütteler Yachthafen.

Abwechslungsreich ist das Angebot der Rendsburger Personen-Schifffahrt. Unter anderem gibt es eine Kombi-Fahrt durch Eider, →*Giselaukanal* und NOK. Zwischen Rendsburg und Kiel sowie zwischen Rendsburg und Friedrichstadt verkehrt von Juni bis September die Reederei Schröder aus Friedrichstadt.

Auch von Brunsbüttel aus werden Kanalfahrten angeboten. Die Reederei Brandt (Wilster) fährt mit ihren Schiffen „Nordstern" und „Germania" auf der Strecke Brunsbüttel–Hochdonn und hat auch Traumschiff-Begleitfahrten im Programm.

Ungewöhnliches bietet die Familie Brauer in Rade: Mit dem Helgoländer Börte-Boot „Nathurn" fährt sie mit Gästen zwischen der Schiffsbegrüßungsanlage Rendsburg und der Fähre Sehestedt.

Das vollständige Angebot der Ausflugsflotte und genaue Fahrpläne sind in den Tourismusbüros zu erfahren oder im Internet: www.tinok.de

Brücken

Zehn Brücken überqueren den Nord-Ostsee-Kanal. Eine moderne Straßenbrücke, die in den Jahren 1979 bis 1983 entstand, verbindet bei Brunsbüttel die Bundesstraße 5 (Itzehoe–Heide). Nur für die Eisenbahn benutzbar ist die Brücke in Hochdonn im Zuge der Bahnstrecke Hamburg–Westerland. Sie kann nur vom Kanalufer oder von einem Schiff aus betrachtet werden. Das 1918 fertiggestellte Bauwerk erhielt im November 2006 ein neues Mittelteil. Grund: Das Mittelstück litt unter Altersschwäche, so-

Die moderne Hochbrücke bei Brunsbüttel.

dass die Züge auf der Bahnstrecke Hamburg–Westerland nur noch gedrosselt über das 42 Meter hohe Bauwerk rollen konnten. Einer der stärksten Schwimmkräne der Welt musste anrücken, um den 121 Meter langen und 1300 Tonnen schweren Mittelträger aus den Verankerungen zu heben. Zwei Tage lang klaffte eine Lücke in der Brücke, dann wurde das neue Bauteil eingesetzt. Damit soll der Schienenverkehr mindestens für die nächsten 40 Jahre gesichert sein. Einige Kilometer weiter passiert bei Schafstedt die Straßenbrücke Hohenhörn im Zuge der Autobahn 23 den NOK. In Sichtweite ist dann schon die neue Grünentaler Hochbrücke auszumachen, über die neben Autos auch die Regionalzüge Heide–Neumünster rollen. Bei Kanalkilometer 62 überquert die Eisenbahnhochbrücke Rends-

Stützpfeiler der Eisenbahnhochbrücke in Hochdonn. Nächste Seite: Schleswig-Holsteins Hauptverkehrsader: die Rader Autobahnbrücke.

H.P. THERKELSEN A/S
MAXIM GORKIY

COVADONGA
PANAMA

Rendsburger Hochbrücke, erbaut 1911–1913 von Friedrich Voß.

burg die Wasserstraße. Erbaut wurde sie während der Kanalerweiterung von 1911 bis 1913. Das Vorhaben war damals das größte Stahlbauwerk Europas. Die filigrane Stahlkonstruktion mit einem Gesamtgewicht von 16 700 Tonnen besteht nicht nur aus der eigentlichen Kanal-Überquerung, sondern auch aus einer 4,5 Kilometer langen Steigungsschleife. Die musste gebaut werden, weil der Rendsburger Bahnhof nur einige hundert Meter von der Kanalüberführung entfernt ist und die Züge nur leichte Steigungen überwinden können. Zum gesamten Bauwerk gehört auch die →*Schwebefähre,* die wie ein Korb unter der Brücke hängt. Von dem gesamten Brückenbauwerk, das von 3,2 Millionen Niet-Bolzen zusammengehalten wird, geht eine große Faszination aus, sodass vom Tourismusbüro in Rendsburg von Mai bis Ende September Führungen angeboten werden. Nach 178 Stufen erreicht man die Aussichtsplattform in 40 Meter Höhe. Belohnt wird der mühevolle Aufstieg mit einem wunderbaren Blick über die mittelholsteinische Landschaft.

Schleswig-Holsteins Hauptverkehrsader, die A 7 zwischen Hamburg und Flensburg, verbindet die imposante Rader Hochbrücke östlich von Rendsburg. Es folgen die alte Eisenbahn- und Straßenhochbrücke Levensau und gleich daneben die erst Anfang der 1980er Jahre gebaute Straßenbrücke Levensau.

An die Zeit des Kanalbaus erinnert aber nur noch die alte Levensauer Hochbrücke. Konzipiert war sie vorrangig für die Eisenbahnstrecke Kiel–Flensburg. Es sollten zwei Gleise montiert werden und eine Spur für Pferdefuhrwerke entstehen. Doch die zunehmende Automobilisierung machte die Pläne hinfällig. Statt ein zweites Bahngleis zu bauen, wurde eine Autospur eingerichtet. Die Levensauer ist nicht nur die älteste Kanal-Überquerung, gebaut 1893/94. Sie gilt neben der Rendsburger Eisenbahnbrücke auch als die schönste. Um den Erhalt der Stahl-Architektur sicherzustellen, wurde in den vergangenen Jahren eine umfangreiche Sanierung durchgeführt: Neue Gleise mussten verlegt, der Rost am Brückenbalken bekämpft und die Rollenlager erneuert werden. Die wenigsten wissen, was es mit dem Rollenlager einer Brücke auf sich hat. Die Erklärung ist ganz einfach: Eine Stahlkonstruktion wie die 180 Meter lange und 42 Meter hohe Levensauer Hochbrücke kann sich schon mal um sechs bis zehn Zentimeter ausdehnen. Da muss nur die Sonne kräftig genug scheinen. Wären beide Enden der Brückenfahrbahn befestigt, würde sie bei extremen Witterungen und anderen Belastungen auseinanderbrechen. Verursachen könnte dies ebenso ein Zug, der die Brücke etwa einen Zentimeter vor sich herschiebt.

So umfangreich die Sanierungen an der Stahlkonstruktion auch waren, richtig teuer wurden dagegen die Maurerarbeiten an den beiden Widerlagern. Etwa 1,6 Millionen Euro kostete es, die durch Feuchtigkeit und Frost verursachten Schäden an den riesigen Mauerwerken auszubessern. Großen Wert legte die Kanalverwaltung darauf, dass die kaiserlichen Bauwerke nach dem Vorbild alter Handwerkskunst saniert wurden.

Darüber freuen sich bestimmt auch

Die Levensauer ist die älteste Hochbrücke des NOK und spannt sich in 42 Meter Höhe über dem Wasserspiegel.

die 6000 →*Fledermäuse,* die in den 15 Meter hohen Gewölben überwintern. Für sie sind die Widerlager ein idealer Winterschlafplatz, weil die dicken Mauern die extremen Temperaturschwankungen des Winters abmildern. Zu den Fledermäusen, die am Ende des Sommers durch die Belüftungsöffnungen in die Bauwerke fliegen, gehört vor allem der Große Abendsegler.

Bereits die dritte Brücken-Generation verbindet die Kieler Stadtteile Holtenau und Wik. Die erste Brücke über den Nord-Ostsee-Kanal war an dieser Stelle eine Prahmdrehbrücke. Sie wurde 1912 durch eine filigrane Stahlfachwerk-Konstruktion ersetzt und Prinz-Heinrich-Brücke getauft. Das eiserne Bauwerk war 480 Meter lang, 42 Meter hoch und 13 Meter breit. Da die zweispurige Brücke den zunehmenden Ver-

kehr, der durch den Bevölkerungs-Zuwachs in den Kieler Stadtteilen Friedrichsort-Pries, Schilksee und Strande nicht mehr aufnehmen konnte, wurde 1972 parallel dazu die Olympiabrücke erbaut. Nach dem Abriss der alten Prinz-Heinrich-Brücke 1992 und deren Neubau (Fertigstellung 1996) verläuft der Verkehr heute auf zwei modernen 520 Meter langen Stahlbetonbrücken, über die jeweils zweispurig der Verkehr der Schnellstraße fließt.
Auch Radfahrer und Fußgänger können die Konstruktion überqueren. Sie bietet auf der Westseite einen herrlichen Blick über den Nord Ostsee-Kanal und auf der anderen Seite sind die Schleusen und die Kieler Förde zu sehen. Eine Aussicht, die nicht nur Touristen genießen.
Am Fuß des Bauwerks, das heute oft nur noch Holtenauer Brücke genannt wird, sind Parkplätze vorhanden. Von dort lassen sich Spaziergänge und Radtouren entlang des Kanals unternehmen.

Eiderkanal

Ein Jahrhundert vor der Einweihung des Nord-Ostsee-Kanals durchzog schon einmal eine künstliche Wasserstraße Schleswig-Holstein: der Eiderkanal. Er wurde von 1777 bis 1784 unter der Herrschaft König Christians VII. von Dänemark als Schleswig-Holsteinischer Kanal gebaut. Er verband die Ostsee bei Kiel mit der Eider bei Rendsburg und ermöglichte zusammen mit der von dort in die Nordsee fließenden Eider die Schifffahrt zwischen Ost- und Nordsee. Somit war die gefährliche Fahrt um Jütland herum nicht mehr notwendig. Hauptsächlich war der Kanal die Verbindung zwischen den Ostseehäfen und den englischen Industriegebieten.

Der Bau dieser ersten künstlichen Wasserstraße durch das Land zwischen den Meeren galt als technische Pioniertat. Der Kanal hatte eine Länge von 43 Kilometern und verlief von der Kieler Förde aus zwischen den Herzogtümern Schleswig und Holstein durch das Tal der Levensau zum Flemhuder See und durch die Eider nach Rendsburg, davon neun Kilometer durch die Obereider-Seen. Von dort führte der Weg durch den weiteren Lauf der Eider über 130 Kilometer zur Flussmündung bei Tönning in die Nordsee. Der Wasserweg hatte eine Breite von 31 Metern und war 3,5 Meter tief. Zur Überwindung der Höhenunterschiede durch die Ausläufer der östlichen Hügellandschaft mussten sechs →*Schleusen* gebaut werden. Außerdem wurden nach holländischer Art Zugbrücken gebaut, die die Landstraßen verbanden.

Eine Schiffspassage durch den Kanal und die Eider dauerte drei und mehr Tage. Bei ungünstigem Wind wurden die Frachtschiffe getreidelt, also durch Pferde auf am Ufer angelegten Treidelpfaden gezogen.

Nach der Niederschlagung der Schleswig-Holsteinischen Erhebung durch Dänemark im Schleswig-Holsteinischen Krieg (1848–1851) wurde der Kanal durch die dänische Regierung wegen der unerwünschten Verbindung der Namen Schleswig und Holstein in Eiderkanal umgetauft.

Dem stärker werdenden Schiffsverkehr war der Eiderkanal bald nicht mehr gewachsen. Besonders der lange Weg durch die Eider und das Wattenmeer erwies sich als ungüns-

Schleuse bei Königsförde mit einem Reststück des Kanalbettes des Eiderkanals.

tig. Es begannen die Planungen des Nord-Ostsee-Kanals, für dessen Bau ein großer Teil des Eiderkanals verwendet wurde.
Heute erinnern nur noch wenige Stellen an die ehemalige Wasserstraße, darunter die historischen Schleusenbauwerke Königsförde, Kluvensiek und Rathmannsdorf.

Eiswinter

In seiner Geschichte fror der Nord-Ostsee-Kanal mehrmals zu. Zum ersten Mal im Winter 1896/97. Der Betrieb der Zugfähren konnte nur noch aufrechterhalten werden, weil Arbeiter mit langen Eissägen und Stangen eine Rinne freihielten. Zur totalen Vereisung führte der strenge Winter 1928/29, der bis Mitte März dauerte. Viele Schiffe froren regelrecht ein, mussten im Kanal „überwintern". So hielt der Eispanzer vor Brunsbüttel zahlreiche Schiffe fest. Damit Autos den zugefrorenen Kanal überqueren konnten, wurden Unebenheiten auf der Eisdecke beseitigt sowie Schlacke und Sägemehl aufgeschüttet. Auf dieser „Eisstraße" erreichten die Pkws gefahrlos das andere Ufer. An verschiedenen Stellen entlang des Kanals legten Anwohner Holzstege auf das Eis, damit sie die vereiste Wasserstraße überqueren konnten.

In der Dorfchronik von Rade bei Rendsburg ist zu lesen: „Am 10. Februar 1929, morgens um 7 Uhr, bleiben im Schirnauer See in einer Eisschicht von einem halben Meter Dicke Frachter stecken, die erst am 20. März durch die russischen Eisbrecher ‚Jermak' und ‚Trouvor' freigeschleppt werden. Für uns Dorfbewohner bringt die Liegezeit der Schiffe durch

Nur Schiffe mit starken Motoren konnten sich noch einen Weg durch die Eisdecke bahnen.

den Kontakt mit den Besatzungen Abwechslung und Leben."

Streng war auch der Winter 1962/63. Nur Schiffe mit starken Motoren konnten sich noch einen Weg durch die Eisdecke bahnen, die Fähren mussten von Schleppern gezogen werden. Stark behindert wurde die Kanal-Schifffahrt ebenso im Schneewinter 1978/79.

Fähren

Fährverbindungen entlang des Nord-Ostsee-Kanals gibt es in Brunsbüttel, Ostermoor, Kudensee, Burg, Hochdonn, Hohenhörn, Fischerhütte, Oldenbüttel, Breiholz, Rendsburg, Nobiskrug, Sehestedt, Landwehr und Kiel-Holtenau. Jeweils zwei große Fahrzeuge bewältigen das Aufkommen in Brunsbüttel und in Rendsburg–Nobiskrug, an den anderen Fährstellen

Kleine Fähre „Holtenau" vor den Schleusen.

pendelt nur eine Standardfähre.

Eine Besonderheit ist die Personen-Fähre in Kiel-Holtenau, die maximal 25 Menschen transportieren kann und von einem privaten Reeder betrieben wird, sowie die →*Schwebefähre* unter der Rendsburger Eisenbahnbrücke. Bis auf die Tagesfähre in Nobiskrug, die Schwebefähre und die Fähre Fischerhütte sind alle Fahrzeuge rund um die Uhr im Einsatz. Die Besatzungen, sie bestehen aus Schiffsführer und Decksmann, arbeiten in einem Drei-Schicht-Betrieb.

Was besonders Urlauber immer wieder überrascht, ist die Tatsache, dass die Nutzung der schwimmenden Brücken nichts kostet. Es ist Gesetz, dass der Bund für die gebührenfreie Querung zu sorgen hat. Das wurde zu Kaisers Zeiten festgelegt. Nicht niedergeschrieben, aber mündlich überliefert ist aus Kaisers Zeiten die Mindestgröße einer Fähre. Die Planer des Nord-Ostsee-Kanals orientierten sich daran, wie viel Platz ein Dithmarscher

Nicht immer einfach ist es für den Fährmann, zwischen den Schiffen den Kanal zu überqueren. Nächste Seite: Die Fahrzeuge sind rund um die Uhr im Einsatz.

Trauerzug benötigt: Vorne ein Vierspänner, dann der Leichenwagen mit dem Sarg, dahinter die trauernde Familie. Berechnet wurde daraufhin, dass eine Fähre mindestens über eine Traglast von 20 Tonnen verfügen muss.

Die heutigen Standard-Fähren können

DORF

Angetrieben werden die Fähren mit zwei Dieselmotoren, die je einen Voith-Schneider-Propeller antreiben, die senkrecht ins Wasser reichen und ein optimales Manövrieren ermöglichen.

bis zu 45 Tonnen und mehr aufnehmen. Sie sind 29 Meter lang und neun Meter breit, haben einen Tiefgang von 1,98 Meter. Konstruiert sind die pontonähnlichen Fahrzeuge alle gleich. An der Seite ein Aufbau mit Steuerstand, auf der anderen Seite ein Überstand für Fußgänger. Bei den Standard-Fähren gibt es eine zweireihige Decksfläche, die bis zu acht Pkws oder einen voll beladenen Lastwagen aufnehmen kann. Bei den großen Fahrzeugen in Brunsbüttel und Nobiskrug weist die Ladefläche drei Spuren auf und bietet Platz für zwölf Pkws. Neben der Fahrbahn gibt es links und rechts einen erhöhten Fußweg.

Angetrieben werden die Fähren mit zwei Dieselmotoren, die je einen Voith-Schneider-Propeller antreiben. Das sind Antriebe, die senkrecht ins Wasser reichen und ein optimales Manövrieren ermöglichen. Der besondere Antrieb trägt auch dazu bei, dass die Fähren fast ohne jegliche Erschütterung über den Kanal fahren.

Am Beispiel der Breiholzer Fähre lässt sich die Auslastung der Fahrzeuge dokumentieren: Im Jahresdurchschnitt werden dort 23 600 Pkws, 1300 Lkws, 4680 Fußgänger und 900 Motorräder über den Kanal geschippert. An einigen anderen Fährstellen, wie in Sehestedt, gibt es aber bedeutend mehr Fußgänger, die die Fähre benutzen.

Obwohl die Fähren ständig im Betrieb sind, kommt es kaum zu Ausfällen, was auf die ausgereifte Technik zurückgeführt wird, aber wohl auch an der regelmäßigen Wartung liegt. Die Kanalverwaltung hat zu diesem Zweck einen mobilen Werkstattwagen im Einsatz. Alle zwei Jahre muss der Dieselmotor zudem generalüberholt werden. Für diese und andere Ausfallzeiten stehen für den gesamten Kanal zwei Reservefähren zur Verfügung.

Und für den Fall, dass die Klappen am Fährleger defekt sind, gib es an jeder Fährstelle einen Notanleger, damit wenigstens Radfahrer und Fußgänger über das Wasser gebracht werden können.

Für die Kanalquerung benötigt eine Fähre genau eine Minute und vierzig Sekunden. Die Fährleute sind bemüht, nach wenigen Minuten wieder abzulegen, damit die Autofahrer nicht zu lange warten müssen.

Fährmänner

Keinen leichten Arbeitsplatz haben die Fährleute an der meistbefahrenen künstlichen Wasserstraße der Welt. Einer erzählt die Geschichte von zwei riesigen Schiffen, die sich auf dem Kanal eine Wettfahrt lieferten. Dies führte zu einem gewaltigen Sog, sodass seine →*Fähre* um anderthalb Meter absackte. Zum Glück hatte der erfahrene Fährmann dies vorher geahnt und seine Passagiere aufgefordert, schnell von Bord zu gehen. Danach fuhr er die Fähre etwas vom Anleger weg, um sie trotz des gefährlichen Sogs in Position zu halten. So verlief zum Glück alles glimpflich.

Der Fährmann hat seinen Arbeitsplatz hoch oben im Führerhaus. Mit zwei Joysticks lenkt er die zwei Antriebspropeller, während er ständig alles im Auge behält. Wachsamkeit ist oberstes Gebot. Gerade an den Sommer-Wochenenden gehört oft viel Geschick dazu, im passenden Moment über den Kanal zu fahren. Dann sind besonders viele Schiffe unterwegs. Grund: In zahlreichen mittelgroßen →*Häfen* ruht von Freitag bis Sonntag die Arbeit. Um unnötige

Hafengebühren zu vermeiden, wird die Zeit zur Kanalpassage genutzt. Hinzu kommen in der schönen Jahreszeit die vielen Sportboote. Grundsätzlich gilt, dass die Schifffahrt vorfahrtsberechtigt ist, die Fähren in der Ausweichpflicht stehen. Aus Sicher-

Hoch oben im Führerhaus hat der Fährmann seinen Arbeitsplatz.

heitsgründen dürfen sie erst dann ablegen, wenn Schiffe mindestens 600 Meter von der Fährstelle entfernt sind.

Für außergewöhnliche Situationen verfügt der Fährmann nicht nur über Radar, er kann sich auch über Funk mit der Kanallenkung und den Schiffsführungen in Verbindung setzen. Dies ist besonders bei Nebel nötig, wenn man nicht über den Kanal blicken kann.

Welch eine Idylle am Nordufer des ehemaligen Schirnauer Sees.

Fischer

Vom Fischfang auf dem Nord-Ostsee-Kanal leben heute nur noch zwei Berufsfischer. Einer ist Hans Brauer in Rade bei Rendsburg. Er und seine Familie bewirtschaften den 16 Kilometer langen Kanalabschnitt zwischen Schacht-Audorf und Königsförde. Die Familie erlebte besonders mit dem Heringsfang viele gute Jahre, doch ging der Bestand in den vergangenen Jahren merklich zurück.

Aber es sind nicht nur die Heringe, die Brauer aus dem Kanal holt. Auch

Zander, Barsche und Aale werden gefangen. Der Kanal-Aal soll besser schmecken als seine Artgenossen aus anderen Gewässern. Das liegt nach Auffassung des Fischers daran, dass das Wasser im NOK durch den Schiffsverkehr immer in Bewegung ist, stets gut mit Sauerstoff versorgt wird. Und am Boden befindet sich auch kein Faulschlamm wie in Binnenseen. Brauer räuchert seine Aale im eigenen Ofen, oder sie kommen frisch in die Küche der „Aalkate". Das gemütliche Fischrestaurant mit Blick auf den Kanal und die vorbeifahrenden Schiffe hat sich zum zweiten Standbein entwickelt. Zum Glück, denn vom Fischfang allein könnte die Familie heute nicht mehr existieren.

Die lange Geschichte der Fischer-Familie begann 1782. Ein Vorfahre war Lehrer, konnte davon aber nicht leben. So fischte er den Sommer über auf dem Schirnauer See und der Obereider. Seine Nachkommen lebten dann nur noch vom Fischfang. Die größte Veränderung brachte der Bau des Nord-Ostsee-Kanals, der heute durch den Schirnauer See führt. Beim Blick auf das Nordufer ist noch zu erahnen, welch eine Idylle der ehemalige Binnensee gewesen sein muss. Den neuen Gegebenheiten durch den Kanal hat sich die Fischerfamilie angepasst, ebenso stellte sie sich auf den Rückgang der Fischbestände ein. Jetzt setzen die Brauers zusätzlich auf den Tourismus, vermieten Ferienwohnungen und bieten im Helgoländer Börteboot Kanalfahrten an.

Fledermäuse

Ihren Winterschlaf halten jedes Jahr tausende von Fledermäusen in den beiden Widerlagern der historischen Levensauer Kanal-Hochbrücke. Durch die großen Bogenfenster fliegen die Tiere in die 15 Meter hohen Gewölbe und verkriechen sich dann in den etwa einen Meter tiefen Dehnungsfugen links und rechts der Gewölbekuppel. Fünf verschiedene Arten konnten Wissenschaftler nachweisen: den Großen Abendsegler, die Zwergfledermaus, die Wasserfledermaus, die Teichfledermaus und die Breitflügelfledermaus. Während die drei letztgenannten Arten nur vereinzelt vorkommen, konnte die Zwergfledermaus mit einigen hundert und der Große Abendsegler gar mit mehreren tausend Tieren beobachtet werden. Die Größe der Überwinterungs-Population beim Großen Abendsegler wurde durch Forscher näher untersucht. Zur Beobachtung der Tiere installierten Mitarbeiter des Arbeitskreises Wildbiologie der Universität Gießen zusammen mit ehrenamtlichen Fledermaus-Schützern eine Infrarotvideoanlage und Ultraschallaktivitätsmelder, mit denen die im

März ausfliegenden Großen Abendsegler registriert wurden.
Nach der Auswertung der Videoaufnahmen und der im Computer festgehaltenen Aufzeichnungen kamen die Wissenschaftler auf einen Überwinterungsbestand von etwa 5000 Tieren. Damit ist die Levensauer Hochbrücke das größte Winterquartier von Großen Abendseglern in Mitteleuropa. Die Ultraschallmelder waren ein Jahr lang in einem der beiden Widerlager angebracht, sodass die Anwesenheit fliegender Fledermäuse kontinuierlich festgehalten wurde. Dabei wurde unter anderem festgestellt, dass auch die Großen Abendsegler im August ein Schwarmverhalten wie die Wasserfledermäuse in der Höhle von Bad Segeberg zeigten.
Dieses einmalige Naturereignis wird alljährlich als „Levensauer Fledermausnacht“ im Rahmen einer Exkursion der Arbeitsgruppe Fledermausschutz und Fledermausforschung Schleswig-Holstein (AGF) der Öffentlichkeit vorgeführt.

Durch die großen Bogenfenster (Bild rechts) fliegen die Fledermäuse in die hohen Gewölbe. Auch wenige Exemplare der Wasserfledermaus (links) überwintern hier.

Gieselaukanal

Der zwischen 1936 und 1937 gebaute Gieselaukanal gehört zu den schönsten Gewässern Dithmarschens, verbindet auf einer Länge von 2,8 Kilometern die Eider mit dem Nord-Ostsee-Kanal und kann von Schiffen bis 65 Meter Länge und 9 Meter Breite befahren werden.

Seinen Namen trägt der Kanal von dem Bach Gieselau, dessen Unterlauf durch die Kanalbauten heute abgeschnitten ist. Die Gieselau bildet noch immer die historische Grenze zwischen den Kreisen Dithmarschen und Rendsburg-Eckernförde.

Der Bau des Gieselaukanals erfolgte im Zusammenhang mit den Schleusenbauten Lexfähre und Nordfeld im Untereider-Verlauf. Durch den Bau des Nord-Ostsee-Kanals war die Untereider nicht nur von der Obereider oberhalb von Rendsburg abgeschnitten, sondern hatte auch im Unterlauf wichtige Nebenzuflüsse verloren. So kam es durch geringe Fluss-Strömung und stärkere Gezeiten-Wirkung zu starken Versandungen und Verschlammungen des Flussbettes. Dies machte ständige Ausbaggerung nötig. Andererseits konnte sich das Eiderwasser bei Hochwasser nicht so auf die Nebenflüsse verteilen wie vorher. Die Folge waren Überschwemmungen und Flut-Katastrophen. Durch den Bau der →*Schleusen* Lexfähre und Nordfeld und einige Begradigungen im Eiderverlauf konnten die Probleme weitgehend gelöst werden.

Der Bau des Gieselaukanals ersparte den Ausbau der Untereider zwischen Bokelhop und Rendsburg und leitet seit 1937 die Eiderschifffahrt auf den Nord-Ostsee-Kanal (NOK).

Da die Eider wegen des tiefgelegenen Umlandes viel tiefer liegt als der NOK, musste die Gieselaukanalschleuse gebaut werden, die auf einer Portal-Klappbrücke überquert werden kann. Verändert hat sich seit der Inbetriebnahme nichts. Noch immer setzt der Schleusenwärter die alten Zahnräder per Hand in Betrieb, gleicht einen Höhenunterschied von einem halben Meter aus.

Heute dienen die Schleusenanlage und die Anlegestelle vor allem dem Sportbootverkehr. Schon deshalb, weil am NOK selbst Liegemöglichkeiten für Segel- und Motorboote fehlen. Genutzt wird die Schleuse aber

auch von Ausflugsschiffen, die verschiedene Eider- und Kanaltouren anbieten. Der Gieselaukanal hat sich auch zu einem Paradies für Angler entwickelt.

Schleuse mit der Klappbrücke. Durch den Bau dieser Schleuse und die Teilbegradigung des Eiderlaufs konnten die Probleme der Schifffahrt weitgehend gelöst werden. Die Anlage des Gieselaukanals ersparte den Ausbau der Untereider.

Mehr als 40 000 Schiffe fahren im Jahr durch den Kanal.

Güterverkehr

Etwa 90 Millionen Tonnen Güter werden durch den Nord-Ostsee-Kanal transportiert. Seit 1999 ist damit eine Verdoppelung erreicht. Dies liegt vor allem am zunehmenden Containerdienst. Neben den Containern werden Massengüter wie Holz, Erdöl, Kohle, Erze, Getreide, Düngemittel sowie Eisen und Stahl bewegt. Die Zahl der Schiffe, die durch die Wasserstraße fahren, sinkt dagegen leicht.

Grund: Die Reedereien setzen verstärkt größere Schiffe ein, um die Ladung wirtschaftlicher zu befördern. Dennoch sind es noch weit mehr als 40 000 Schiffe, die pro Jahr die NOK-Passage wählen. Mehr als 90 Prozent des gesamten Ladungsaufkommens entfallen auf den Transitverkehr zwischen Nord- und Ostsee-Häfen. Im Ostseeraum sind traditionell Schweden und Finnland Herkunfts- und Zielort der durch den Kanal fahrenden Schiffe. Die Anzahl der Schiffe von dort ist nahezu konstant. Die ständige Zunahme der Gütermenge kommt aus dem südlichen und östlichen Ostseeraum, insbesondere Polen und den baltischen Staaten. Der Kanal gilt deshalb als Tor nach Skandinavien und ins Baltikum.

Im Nordseeraum werden hauptsächlich die →*Häfen* Hamburg und Bremerhaven angefahren. Grundsätzlich gilt: Je westlicher ein Hafen liegt, desto geringer ist der Anteil der Schiffe, die durch den NOK fahren, da sich bis Rotterdam, Antwerpen und Zeebrügge die zeitliche Ersparnis der Fahrt durch den NOK relativiert. Wenn die Schiffe, die von Hamburg oder Bremerhaven kommen, nicht den Kanal nutzen, müssen sie durch das Skagerrak und um die Nordspitze Jütlands (Dänemark) herumfahren. Dies wäre ein etwa 250 Seemeilen längerer Weg.

Nächste Doppelseite: Das Containerschiff „Helgaland" befährt häufig den Kanal. Es verkehrt zwischen Finnland und Deutschland.

EVERGREEN
imcl

UP
tex
HELGALAND

Häfen

Entlang des Nord-Ostsee-Kanals gibt es neben einigen Anlegestellen die Häfen in Brunsbüttel, Rendsburg und Kiel.

Brunsbüttel

Die Unterelbestadt Brunsbüttel verfügt über drei Häfen. Der eine liegt an der Elbe, heißt deshalb auch Elbehafen, die anderen beiden am Nord-Ostsee-Kanal. Es sind der Ölhafen und der Hafen Ostermoor. Alle drei zählen zur Hafengesellschaft Brunsbüttel. Insgesamt werden jedes Jahr etwa acht Millionen Tonnen an Gütern umgeschlagen.
Im Ölhafen liefern Tanker das Rohöl an, das englische und norwegische Ölplattformen aus der Tiefe der Nordsee

Im Hafen Brunsbüttel liefern Schiffe das Rohöl für die Herstellung von Düngemitteln und Ammoniak.

holen. Es wird vom Ölhafen aus durch eine Pipeline zur Raffinerie in Hemmingstedt bei Heide gepumpt und dort zu Benzin, Diesel und Heizöl verarbeitet.
Vor allem um den Umschlag von Chemikalien geht es im Hafen Ostermoor. Aber Schiffe bringen auch Rohöl, das als Rohprodukt für die Herstellung von Düngemitteln und Ammoniak benötigt wird. Zudem gilt der Hafen Ostermoor als „Tankstelle" für die maritime Wirtschaft. Von dort wird Treibstoff für die Schifffahrt vertrieben.
Im Elbehafen dreht sich viel um Flüssiggas, das Schiffe von englischen, norwegischen und holländischen Nordseeplattformen holen. Der Elbehafen hat den größten Flüssiggas-Terminal Deutschlands. Auch bringen Schiffe Kohle aus Polen und Südafrika, die per Bahn weiter an Kraftwerke oder an die Industrie geht. Für den Straßenbau und die Zement-Industrie sind Baumaterialien wie Steine und Splitt, die aus Norwegen gebracht werden. Nicht unbedeutend ist auch der Schrotthandel. Mit Lkw

Es sind vor allem Massengüter, die hier im Kreishafen Rendsburg gelöscht werden.

Gelöscht wird im Kanalhafen Kiel-Holtenau viel Heizöl, das mit Tanklastwagen ausgeliefert wird.

oder Binnenschiff gelangen die Altmetalle nach Brunsbüttel und werden im Elbehafen auf Frachter verladen, die dann die Türkei und Südostasien ansteuern. Und für die Hamburger Affinerie ist das Kupferkonzentrat aus Südamerika bestimmt. Zu guter Letzt sind es Windenergieanlagen, die über den Elbehafen exportiert werden.

Die drei Häfen in Brunsbüttel, die es in dieser Kombination erst mit dem Aufbau des Chemiestandortes Anfang der 1970er-Jahre gibt, sind von großer wirtschaftlicher Bedeutung für die gesamte Region.

Rendsburg

Auch wenn der Kreishafen in Rendsburg nicht mehr so blüht wie in früheren Jahren, reger Betrieb herrscht dennoch. Es sind vor allem Massengüter wie Futtermittel, Dünger und Heizöl, die gelöscht werden. So gibt es auf dem Hafengelände Düngerhallen und Tanklager. Aber auch exotische Ladungen wie Granit-Pflastersteine aus Portugal kommen im Kanalhafen an. Exportiert wird hauptsächlich Getreide, zum Beispiel nach Algerien. Der Kanalhafen ist so ausgelegt, dass auch Binnenschiffe anlegen können.

Kiel

Seehafen Kiel ist der Oberbegriff für die drei Häfen in der Landeshauptstadt. Einer davon ist der Nordhafen am Nord-Ostsee-Kanal, der die Versorgungsfunktion für den Großraum Kiel erfüllt. Angeliefert und zwischengelagert wird hier unter anderem im großen Stil Heizöl, das mit Tanklastwagen dann weiter an Großabnehmer und Privatkunden geliefert wird. Es sind gleich mehrere Firmen, die diesen Handel betreiben. Der Nordhafen ist auch der Umschlagplatz für Getreide aus schleswig-holsteinischer Ernte, das in großen Silos zwischengelagert und von Kiel aus bis nach Afrika exportiert wird. Außerdem befinden sich im Nordhafen RoRo-Anlagen und Lagerhallen für den Umschlag von Forstprodukten. Keine große Rolle mehr spielt der Handel mit Papier aus Finnland. Dafür entsteht ein maritimer Gewerbepark. So wird eine der früheren Papierhallen von einer →*Werft* genutzt, die Segelyachten baut.

Insgesamt gibt es in Kiel neun Hafenbereiche mit insgesamt 4500 Meter Kailänge. Im Stadthafen dominieren die drei Passagierterminals Ostseekai, Schwedenkai und Norwegenkai. Hier legen neben den großen Fährschiffen der Color Line und Stena Line auch die luxuriösen Kreuzfahrtschiffe an, die Kiel in der Saison regelmäßig besuchen. Jedes Jahr beginnt oder endet für weit mehr als 1,5 Millionen Passagiere eine Seereise in Kiel. Die Hafenanlagen am Bahnhofskai und am Sartorikai dienen vor allem dem maritimen Ausflugsverkehr.

Der größte Hafenbereich ist der Ostuferhafen, der im RoRo-Verkehr mit Russland und den baltischen Staaten eine immer wichtiger werdende Rolle einnimmt.

Heringsschwärme

Jedes Jahr halten sich in den ersten Frühlingswochen riesige Heringsschwärme zum Laichen im Nord-Ostsee-Kanal auf. In dieser Zeit säumen Hunderte von Sportanglern die Kanalufer, um den Fischen nachzustellen. Aber hauptsächlich zwischen Kiel und Rendsburg, denn weiter ziehen die silbernen Fische meistens nicht.

Ostseeheringe zogen schon immer zwischen Anfang März und Mitte April zum Laichen in die Förden und Flüsse. Seit der Fertigstellung des Nord-Ostsee-Kanals im Jahre 1895 nutzen sie auch die Wasserstraße, um an deren Ufern ihre Eier abzulegen. Allerdings nur, wenn das Kanalwasser mindestens sechs Grad warm ist. Die „Rogner" genannten Weibchen legen jeweils bis zu 50 000 Eier. Daraus schlüpfen nach zwei bis vier Wochen die Larven. Während die Weibchen Mitte April wieder gen Ostsee ziehen, bleibt ihr Nachwuchs im Kanal zurück. Die jungen Heringe fressen sich hier an Plankton groß, erreichen etwa eine Länge von fünf Zentimetern. Im Herbst schwimmen sie dann auch in die Ostsee – und kommen erst zurück, wenn sie nach drei bis sieben Jahren geschlechtsreif sind und im Kanal laichen wollen.

Dass Heringe im Kanal sind, entdeckten →*Fischer* erst 1908. Da die Binnenfischer vom Heringsfang keine Ahnung hatten, holten sie sich Hilfe bei den Heringsfischern in Eckernförde. Die stellten ihre Buntgarn-Netze auf und wurden von den Kanalfischern am Umsatz beteiligt. Die Heringe kamen in so großen Massen, dass am Kanalufer eine Verladestation eingerichtet wurde. Mit Pferd und Wagen wurde der frische Fang nach Eckernförde gebracht und vermarktet.

Die Fischerfamile Brauer in Rade, die den 16-Kilometer-Kanalabschnitt zwischen Schacht-Audorf und Königsförde bewirtschaftet, erlebte viele gute Jahre mit dem Heringsfang. Anfang der 1970er-Jahre landete die Familie in einem Jahr 7000 Zentner der etwa 25 Zentimeter großen Schwarmfische an. In den vergangenen Jahren ging der Heringsbestand deutlich zurück.

Weil es den Hering früher in Unmengen gab und er somit günstig war,

In den vergangenen Jahren ging der Heringsbestand im Kanal deutlich zurück.

wurde er als Fisch der armen Leute bezeichnet. Heute gilt er als Delikatesse. Er ist ein Speisefisch, aus dem man vieles machen kann. Als Bismarck im Brötchen, geräuchert als Bückling, als Matjes für viele Gerichte und Salate. Gesund ist der Hering obendrein, er liefert große Mengen Omega-3-Fettsäuren, die die Blutgefäße schützen. Übrigens: Nordseeheringe ziehen nicht in den Nord-Ostsee-Kanal. Sie sind Winterlaicher und legen ihre Eier um Weihnachten herum in der Nordsee ab, und zwar in 40 bis 70 Metern Tiefe.

Internationaler Schiffsverkehr

Der Nord-Ostsee-Kanal heißt in der internationalen Schifffahrt Kiel-Canal, ist als solcher in der ganzen Welt bekannt. Über den Kiel-Canal wird der Warenaustausch der Ostseeraum-Länder mit der übrigen Welt abgewickelt. Entsprechend vielfältig sind die Heimatländer der etwa 40 000 Schiffe, die auf der künstlichen Wasserstraße jährlich unterwegs sind. Neben der deutschen Handelsflotte sind hauptsächlich Schiffe aus Antigua, Bermudas, Dänemark, Finnland, Großbritannien, Holland, Luxemburg, Malta, Norwegen, Panama, Polen, Portugal, Russland, Schweden, St. Vincent und Zypern vertreten. Hinzu kommen Exoten wie Westsamoa, Brasilien, Tansania, Tobago, Honduras, Costa Rica, Brunei, Niederländische Antillen und viele mehr. Es sind fast hundert verschiedene Flaggen, die im Laufe eines Jahres auf dem NOK registriert werden.

Eine Auswahl der National-Flaggen von Ländern, deren Schiffe durch den Nord-Ostsee-Kanal fahren.

Antigua
Argentinien
Aruba
Aserbaidschan
Äthiopien
Australien
Bahamas
Bangladesch
Belgien
Belize
Bulgarien
Cayman Islands
Chile
China
Costa Rica
Dänemark
Deutschland
Dschibuti
El Salvador
Equador
Georgien
Ghana
Gibraltar
Guadeloupe
Grenada
Griechenland
Grönland
Großbritannien
Guatemala
Guyana
Iran
Irland
Island
Isle of Man
Israel
Italien
Jamaika
Japan
Jemen
Jordanien
Kenia
Kolumbien
Korea, Nord
Korea, Süd
Kroatien
Kuba
Kuwait
Lettland
Libanon
Liberia
Malaysia
Malediven
Malta
Marokko
Marshall-Inseln
Mauretanien
Mauritius
Mazedonien
Mexiko
Moldavien
Niederl. Antillen
Niederlande
Nigeria
Norwegen
Österreich
Pakistan
Panama
Papua Neu Guinea
Paraguay
Peru
Russland
Saudi Arabien
Schweden
Schweiz
Senegal
Seychellen
Sierra Leone
Singapur
Slowakei
Slowenien
Sudan
Surinam
Syrien
Taiwan
Tansania
Thailand
Togo
Trinidad
Tschad
Tschechische Rep.
Uganda
Uruguay
USA
Vatikanstadt
Venezuela
Ver. Arab. Emirate
Vietnam
Westsamoa
Zaire
Zypern

Kanalfotograf

Das Bild wurde nie veröffentlicht: Kaiser Wilhelm II. steht vor dem Fallreep seiner Yacht Hohenzollern, die an der →*Schleuse* Brunsbüttelkoog festgemacht hat. Majestät unterhält sich gerade mit seinem Bruder Prinz Heinrich. Zu erkennen an den unverwechselbaren Mützen. Fotografiert hat diese Szene aus vorsichtiger Distanz der Marner Fotograf Thomas Backens (1859–1925) anlässlich der Einweihung des Kaiser-Wilhelm-Kanals.

Thomas Backens

Backens war einer der wenigen Bildreporter, die den Bau der gigantischen Wasserstraße fotografisch begleiten durften. Dafür musste er sich den kaiserlichen Segen einholen. Am 18. Januar 1895 schickte ihm die Kaiserliche Kanalkommission einen Passierschein: „Herr Backens ist in seiner dienstlichen Eigenschaft als Photograph zum Betreten des Bauterrains, den Arbeitsbaracken und der Werkstätten befugt."

Das nutzte Thomas Backens in vollen Zügen. Wenn ihm und das Wetter danach war, machte er sich mit dem Fahrrad und der riesigen Plattenkamera auf den Weg, um den Kanalbau in Bildern festzuhalten. Es entstanden einzigartige Fotos, die heute gefragter denn je sind. Sie hängen in Museen und im Kanal-Informationszentrum →*Atrium* an den Brunsbütteler Schleusen.

Ein Backens-Foto zeigt den Dampfer Palatia in der Brunsbütteler Schleuse. Dieses Schiff stand unter dem Kommando von Kapitän Kopf aus Marne. Er hatte vom Kaiser den Auftrag erhalten, die neue Wasserstraße mit seinem Schiff zu testen. Zwei Wochen lang fuhr er den Kanal auf und ab. Diese Informationen stehen auf einem handgeschriebenen Blatt Papier, das bei Backens' Negativ-Platten gefunden wurde.

Aber nicht nur Majestäten und große Schiffe lichtete Backens ab, auch das Alltägliche: die Arbeiter, die →*Lotsen* und die Fährleute. Sein Revier reichte von Brunsbüttelkoog bis Hochdonn, weiter östlich war der Rendsburger Kollege zuständig.

Backens' Bilder vom Jahrhundert-Bauwerk beeindruckten auch den Kaiser. Am 22. Dezember 1894 erhielt

Das bisher unbekannte Foto zeigt Kaiser Wilhelm II. mit seinem Bruder Prinz Heinrich.

er ein Dankschreiben: „Seine Majestät der Kaiser und König haben die überreichten photografischen Aufnahmen von der erstmaligen Benutzung der Elbschleusen und des Kanals gern anzunehmen geruht und lassen für Ihre Aufmerksamkeit danken."

In seiner Heimatstadt Marne wurde Thomas Backens, der als der Fotograf der Jahrhundertwende gilt, ein Denkmal gesetzt.

Kanal-Geschichte

Nordsee und Ostsee mit einem Kanal zu verbinden – diese Idee kam bereits im 7. Jahrhundert auf. Damals blühte der Handel der Wikinger. Sie waren nicht nur Krieger, sondern vor allem Händler und geniale Seefahrer. Ihre Handelsschiffe fuhren von der Ostsee kommend die Schlei hinauf bis nach Haithabu. Dort wurden die Waren auf Karren umgeladen, um sie über Land bis nach Hollingstedt an der Treene zu schaffen, wo die Ladungen wieder auf Handelsboote gepackt wurden. Über die Treene und die Eider erreichten die Schiffe die Nordsee, steuerten fremde Länder an. Überliefert ist auch die Version, dass die Wikinger ihre Boote samt Ladung auf Baumstämmen über die etwa 16 Kilometer Landstrecke zwischen der Schlei und der Treene rollten. So muss ihnen der Gedanke gekommen sein, einen breiten Wassergraben zwischen Haithabu und Hollingstedt zu graben. Doch aus den Plänen wurde nichts.

Jahrhunderte später aber setzte der dänische König Christian VII. den Traum von einer künstlichen Wasserstraße in die Tat um, ließ von 1777 bis 1784 den →*Eiderkanal* bauen. Er reichte von Kiel an der Ostsee bis nach Rendsburg an der Eider, die bei Tönning in die Nordsee mündet. Vor allem für den Schiffsverkehr von den Ostseehäfen zu den englischen Industriestädten war der Eiderkanal von großer Bedeutung. Die Skipper brauchten nicht mehr den gefährlichen Seeweg um Jütland herum zu fahren.

1886 unterschrieb Kaiser Wilhem I. das Gesetz zum Bau des Kanals.

Der Eiderkanal war der Vorgänger des Nord-Ostsee-Kanals, über den die preußische Regierung nach der Übernahme Schleswig-Holsteins nachdachte. Vorausgegangen war der Deutsch-Dänische Krieg. Preußen kämpfte mit Unterstützung von Ös-

Erster Spatenstich des Nord-Ostsee-Kanals 1887. Federzeichnung von Adolf Lohse.

terreich gegen Dänemark. Im Jahr 1864, dem Jahr des Friedensschlusses in Wien, trat der dänische König Christian IX. das Herzogtum Schleswig-Holstein an Preußen und Österreich ab. Zwei Jahre später, nach dem Sieg Preußens über Österreich, gehörte das Land zwischen den Meeren ganz zu Preußen.
Schon bald wurde über den Bau eines Kanals diskutiert, der die Nordsee mit der Ostsee verbindet, gleichermaßen nutzbar für Militär und Handel. Grund: Der Eiderkanal war für die inzwischen größeren Handelsschiffe längst zu eng geworden und Kriegsschiffe konnten ohnehin nicht durch den Eiderkanal fahren.
Doch zunächst war keine Einigung darüber zu erzielen, wie der geplante

Allegorische Darstellung am Holtenauer Leuchtturm: Nord- und Ostsee reichen sich die Hand, im Hintergrund werden die Leuchttürme von Brunsbüttel und Holtenau sichtbar.

Nord-Ostsee-Kanal durchs Land verlaufen sollte. Nach der Gründung des Deutschen Reichs (1871) wurde über den Aufbau einer großen deutschen Flotte nachgedacht. Um die Kriegsschiffe schnell in die Ostsee oder in die Nordsee verlegen zu können, wurden die Kanal-Pläne plötzlich wieder zu einem brennenden Thema. Doch Generalfeldmarschall Helmuth Graf von Moltke war gegen eine Groß-Flotte und somit auch gegen den Kanalbau. Er wollte das Geld lieber in das Heer investieren. Damit gerieten die Kanalbau-Pläne erneut ins Stocken.

Neuen Schwung erhielt die Diskussion, nachdem der Hamburger Reeder Hermann Dahlström ein Papier präsentierte, in dem er die Ertragsfähigkeit eines schleswig-holsteinischen Schifffahrtskanals als Handelsweg errechnet hatte. Sein Vorschlag: den Kanal durch eine Aktiengesellschaft zu finanzieren, an der auch das Kaiserreich beteiligt ist. Schließlich konnte Kaiser Wilhelm I. für den Kanalbau begeistert werden. Er erteilte den Auftrag, in die Beratungen über den Bau einzusteigen. Es wurde zugleich festgelegt, dass der Kanal die für eine Kriegsflotte notwendigen Ausmaße haben musste.

1886 unterschrieb der Kaiser das Gesetz für die Herstellung des Kanals: „Wir Wilhelm, von Gottes Gnaden Deutscher Kaiser, König von Preußen verordnen im Rahmen des Reichs, nach erfolgter Zustimmung des Bundesraths und des Reichstags, wie folgt: Es wird ein für die Nutzung durch die deutsche Kriegsflotte geeigneter Seeschiffahrtskanal von der Elbmündung über Rendsburg zur Kieler Bucht unter der Voraussetzung hergestellt, daß Preußen zu den auf 156 000 000 Mark veranschlagten Gesamtherstellungskosten desselben den Betrag von 50 000 000 Mark im Voraus gewährt ...“

Trotz seines hohen Alters legte Kaiser Wilhelm I. im Beisein seines Enkels Prinz Wilhelm am 3. Juni 1887 den Grundstein für die künstliche Wasserstraße, die als technisches Weltwunder galt.

Zu Baubeginn waren 3000 Arbeiter beschäftigt, in Spitzenzeiten stieg ihre Zahl auf 8900. Nicht nur Deutsche, sondern auch Polen, Russen und Italiener arbeiteten an dem Jahrhundert-Bauwerk. Speziell für den Kanalbau entwickelten Ingenieure Eimerketten-Bagger. Sie konnten je nach Ausstattung an Land oder auf dem Wasser eingesetzt werden. Neu waren auch die Lorenbahnen, mit denen die ausgebaggerten Erdmassen zu den Lagerstätten transportiert wurden. Auf den Loren zogen 94 Lokomotiven 2500 Kippwagen, mit denen etwa 82 Millionen Kubikmeter Erdreich bewegt werden mussten.

Nach acht Jahren waren die Arbeiten beendet. Der Kanal war fast 100 Kilometer lang geworden, hatte zunächst eine Breite von 67 Meter und eine Tiefe von 9 Metern. Zwei Hochbrücken, Grünental und Levensau, überspannten die Wasserstraße. Außerdem waren vier Dreh- und Schwimmbrücken

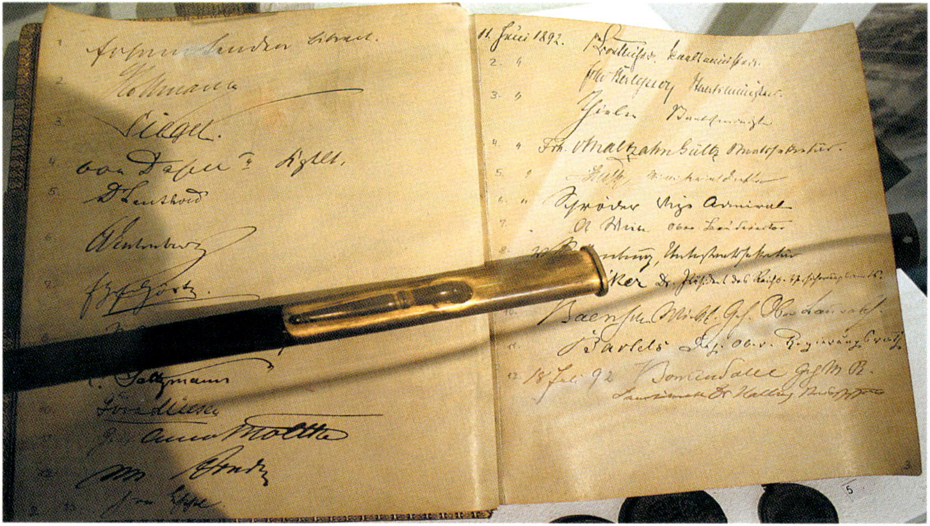

Gästebuch der Einweihungsfeier, ausgestellt im „Atrium" Brunsbüttel.

montiert sowie 14 Kanalfähren in Dienst gestellt worden.
Kaiser Wilhelm I. konnte die Fertigstellung „seines" Kanals aber nicht miterleben. Er starb 1888. Sein Enkel, Kaiser Wilhelm II., vollendete den Traum von einer künstlichen Wasserstraße durch Schleswig-Holstein. Zur offiziellen Einweihung, die vom 19. bis 22. Juni 1895 gefeiert wurde, konnte er zahlreiche ausländische Staatsgäste begrüßen. In seiner Rede vor Tausenden von Menschen unterstrich er die wirtschaftliche Bedeutung des Kanals. Der Kaiser überraschte die Gäste, als er die Wasserstraße zum Gedenken an seinen Großvater kurzerhand „Kaiser-Wilhelm-Kanal" taufte. War doch in der Planungsphase immer nur vom Nord-Ostsee-Kanal die Rede gewesen.
Trotz der überraschenden Umbenennung bejubelten die Menschen den Kaiser, als er mit seiner Yacht „S.M.S Hohenzollern" einen Korso von 24

Schiffen durch den neuen Kanal führte und ihn damit offiziell freigab. An beiden Ufern säumten viele Schaulustige den künstlichen Fluss. Besonders groß war der Auflauf in Brunsbüttel, als die kaiserliche Yacht in die Südkammer der Alten Schleuse einlief.

Bereits einige Jahre nach diesem Spektakel stand fest: Der Kanal ist nicht groß genug. Immer mehr Schiffe wählten diesen Verkehrsweg, zudem wurden größere Kriegsschiffe entwickelt. 1907 wurde beschlossen, die Kanalbreite fast zu verdoppeln. In Hochdonn, Rendsburg und Kiel-Holtenau entstanden neue →*Brücken*. Auch mussten größere Schleusenkammern gebaut werden, die größten Doppel-Schleusen der Welt.

Am 23. Juni 1914 wurde der Kanal zum zweiten Mal eingeweiht, diesmal zeitgleich mit dem Segelereignis „Kieler Woche". Nach Ende des Ersten Weltkrieges kam es 1919 mit der Internationalisierung zu einem weiteren Meilenstein in der Entwicklung des Kanals. „Der Kieler Kanal und seine Zugänge sollen allen mit Deutschland im Frieden befindlichen Nationen für ihre Handels- und Kriegsschiffe gleichberechtigt frei und offen stehen", lautete die Erklärung.

1948, das Kaiserreich lag weit zurück und der Zweite Weltkrieg war drei Jahre zuvor zu Ende gegangen, wurde der Kaiser-Wilhelm-Kanal umgetauft. Er heißt seitdem wieder so, wie er in den Bauplänen von 1848 bezeichnet wurde: Nord-Ostsee-Kanal.

Einweihungstafel an der Dreikaiserhalle in Holtenau.

Nächste Seite: Erinnerungsblatt aus dem Jahr 1896 zur Kanaleröffnung.

Erin

Eröffnung des Kaiser W

in Kiel am 20. und 21. Juni

Fahrt der „Hohenzollern“ aus der Schleuse bei Holtenau
(mit dem Kaiser an Bord) am 20. Juni.

Die Schlußsteinlegun

Lloyddampfer „Kaiser Wilhelm II.“ mit deutschen Fürsten an Bord
bei der Fahrt aus der Schleuse bei Holtenau.

Beilage zum

ungen

m-(Nordostsee) Kanals

(...ch photographischen Momentaufnahmen.)

...tenau am 21. Juni.

Das Festschiff „Niobe“ bei Holtenau.

Blick auf den Kieler Hafen.

...ber 1896.

Kanalorte

Averlak

Die Lage an der Geest, die noch von den letzten Eiszeiten geschaffen wurde, und der von der Nordsee aufgeschwemmten Marsch prägen den Dithmarscher Ort, der direkt am Nord-Ostsee-Kanal liegt und über eine Fährstelle verfügt. Entscheidenden Einfluss auf die Entwicklung des ehemaligen Bauerndorfes hatten Schlick und Treibsand, die beim Bau der Brunsbütteler →*Häfen* und der →*Schleusen* anfielen und erstmals 1920 in Averlak aufgespült wurden. Fast alle Häuser wurden direkt an der drei Kilometer langen Dorfstraße errichtet, die auf einem Erdstreifen, der „Aver de Lake" (über dem Wasser), liegt und dem Dorf seinen Namen gab.

Beldorf

„Klein Amerika" heißt ein Ortsteil der Gemeinde Beldorf im Kreis Rendsburg-Eckernförde, der unmittelbar an der Grünentaler Hochbrücke liegt. Schon vor Jahrhunderten führte an dieser Stelle eine alte Handelsstraße, der Ochsenweg, nach Dithmarschen. Auch Beldorf wurde durch den Bau des Kaiser-Wilhelm-Kanals geteilt. Die Wasserstraße durchschneidet hier den Höhenzug. Deshalb sind die Böschungen steil und hoch, wodurch ein weiter Blick nach Dithmarschen und in Richtung Rendsburg möglich ist. Dort, wo die alte, abgerissene Grünentaler Hochbrücke den NOK überquerte, wurde eine Aussichtsplattform errichtet. Von hier aus lässt sich der Schiffsverkehr besonders gut beobachten. Außerdem erinnert eines der vier Widerlager an die alte Grünentaler Brücke. Die Gemeinde ist sehr um den Tourismus bemüht. Ein besonderer Anziehungspunkt ist die Heuherberge. Lohnenswert ist eine Besichtigung des „Alten Schulgebäudes", das als Dorfgemeinschaftshaus genutzt wird. Im Innern ist das 25 Meter lange Monumental-Gemälde des Malers Martin Marcus Vollert zu bewundern, das die Geschichte der Grünentaler Hochbrücke erzählt.

Bornholt

Die kleine Gemeinde im Kreis Rendsburg-Eckernförde ist der Logenplatz am Nord-Ostsee-Kanal. Die Einwohner können nämlich von ihrer 27 Meter hohen Uferböschung auf die

Widerlager der alten Kanalbrücke Grünental. Sie wurde 1892 erbaut und 1988 abgerissen.

Dampfer und →*Yachten* blicken, die mitten durch ihr Gemeindegebiet fahren.

Mit dem Bau des Kaiser-Wilhelm-Kanals wurden die Dörfer Großenbornholt und Lütjenbornholt, die heute auf der Südseite liegen, von der Gemarkung Töpferberg auf der Nordseite getrennt. Obwohl es vor dem Kanalbau viele Wege über den Töpferberg nach Schafstedt auf der Dithmarscher Seite gab, wurde keine →*Brücke* oder ein Fähranleger gebaut. Seitdem müssen die Bornholter den Umweg über die Grünentaler Hochbrücke oder die Kanalfähre Hohenhörn wählen. 100 Jahre nach der Kanal-Einweihung beeinflusste noch einmal ein Jahrhundert-Bauwerk die Gemeinde: Die Autobahn 23 führt nahe am Dorf vorbei, wovon der Ort heute enorm profitiert. Die gute Ver-

Bovenau ist touristisch sehr reizvoll. Hier das Gut Steinwehr direkt am Kanal.

kehrsanbindung brachte Bornholt zusätzliche Feriengäste. Pony- und Ferienhöfe werden angenommen, außerdem bietet die Umgebung herrliche Wanderbedingungen.

Bovenau

Das heutige Bovenau (Kreis Rendsburg-Eckernförde) hat seinen Ursprung in einer vorgeschichtlichen Siedlung, aus deren Zeit noch bronzezeitliche Hügelgräber erhalten sind. 1950 wurden zahlreiche Urnengräber entdeckt, die verschiedenen Kulturen zuzuordnen sind. 1240 wurde Bovenau zum ersten Mal urkundlich erwähnt. Auch der Verlauf der Mühlenau war damals bereits ein prägendes

Merkmal, der Wasserlauf diente wahrscheinlich sogar zur Namensfindung des Ortes: Bovenau – „boven de Au". Eine zweite Erklärung für die Herkunft des Ortsnamens führt zurück auf den Bremischen Ministerialen „Bovo", der hier nach alten Überlieferungen ansässig gewesen sein muss und Eigentümer und zugleich Gründer sowohl der alten als auch der neuen Kirche von 1240 war. Die politische Gemeinde Bovenau besteht seit 1929. Die zuvor bestehenden Gutsbezirke Osterrade, Kluvensiek, Steinwehr und Georgenthal wurden aufgelöst und bildeten fortan eine politische Gemeinde. Bovenau ist touristisch sehr reizvoll, so werden Kutschfahrten zu den historischen Gütern angeboten.

Breiholz

Seine Lage macht den besonderen Reiz des Ortes aus: Breiholz liegt zwischen Eider und Nord-Ostsee-Kanal, über den eine Fährverbindung führt. Die Gemeinde im Kreis Rendsburg-Eckernförde ist aber nicht nur wegen des Kanals und der Eider ein Ziel für Erholungssuchende. Es gibt auch ein ausgedehntes Wegenetz für Wanderer, Radfahrer und Reiter. Und zur Abwechslung passieren im Sommer fast jeden Tag →*Traumschiffe* den NOK.

Brunsbüttel

Mit dem Bau des Kaiser-Wilhelm-Kanals erlebte Brunsbüttel, um das Jahr 1200 noch ein Seeräuberort, einen großen Aufschwung und ist heute mit etwa 14 000 Einwohnern die zweitgrößte Stadt im Kreis Dithmarschen. Es war aber nicht nur der Nord-Ostsee-Kanal, der zu dieser rasanten Entwicklung führte. Auch die Industrieansiedlung in den 1960er-Jahren brachte eine Dynamik. Trotz Chemieanlagen, Kernkraftwerk und drei Häfen hat die Stadt ihren Charme nicht verloren und bietet Einheimischen und Touristen viel. Besonders vernarrt sind die Menschen in Brunsbüttel natürlich in die Schifffahrt. Es können hier nicht nur die großen Pötte und Traumschiffe bestaunt, sondern auch →*Ausflugsfahrten* auf den Kanal unternommen werden. Ein beliebter Treffpunkt ist die Stadt naturgemäß für viele Freizeitskipper, die mit ihrem Boot den Kanal passieren möchten und auch schon mal einige Zeit im

Das Elbeforum in Brunsbüttel gilt als die Kulturstätte an der Unterelbe.

Yachthafen festmachen. Zahlreich sind die Radtouristen, die eine Rast einlegen. Gedacht ist auch an Camper und Wohnmobilisten, die hier geeignete Plätze finden.

Groß ist das Freizeitangebot in der modernen Stadt. So lohnt sich ein Besuch des Hallenbades oder des beheizten Freibades am Ulitzhörn. Dort haben Badegäste eine wundervolle Aussicht auf die Elbe und die Einfahrt zu den Schleusen. Groß wird die Kultur geschrieben. So gilt das Elbeforum als *die* Kulturstätte an der Unterelbe. Ausstellungen, Konzerte, Theater, Kleinkunst – das Programm ist vielfältig und kennt keine Sommerpause. Lohnenswert für einen Besuch sind ebenso die Galerien, das Heimatmuseum und das →*Atrium* mit seinen spannenden Ausstellungen über den Nord-Ostsee-Kanal.

Burg

Wald, Wasser, Wiesen sind die Merkmale, die den Luftkurort Burg (Dithmarschen) auszeichnen. Der bewaldete Klevhang und der Erholungswald, die moorigen Wiesen, die Burger Au und der Nord-Ostsee-Kanal prägen den Ort. Burg ist vor allem bei Urlaubern beliebt, die Ruhe und Erholung suchen. Zum Wandern lädt ein Naturlehrpfad durch den 30 Hektar großen Wald ein, wo sich auch das weit bekannte Waldmuseum befindet. In einem Aussichtsturm entwickelte sich vor Jahrzehnten aus der örtlichen „Schulwaldarbeit" eine naturkundliche Sammlung, die einen Einblick in die heimische Tier- und Pflanzenwelt vermittelt. Von der oberen Plattform des Aussichtsturms, dem Wahrzeichen des Luftkurortes, bietet sich aus 80 Meter Höhe ein faszinierender Blick bis in die Elbmündung.

Im Burger Aussichtsturm befindet sich das bekannte Waldmuseum.

Hochdonn

Die Fährverbindung und die Eisenbahnbrücke prägen die Dithmarscher Gemeinde Hochdonn. Auch gibt es eine Anlegestelle für Schiffe. Über die Gemeindegrenzen hinaus bekannt ist die Hochzeitsmühle „Aurora", in der sich Brautpaare das Ja-Wort geben. Aber auch die Badestelle →*„Klein Westerland"*, die direkt am Kanal liegt, und der gleichnamige Campingplatz sind Auswärtigen ein Begriff.

Hörsten

Die Gemeindefläche des Ortes, der zwischen Rendsburg und der Breiholzer →*Fähre* liegt, ist durch den Nord-Ostsee-Kanal getrennt. Der Dorfkern befindet sich auf der Nordseite, der Flugplatz Schachtholm auf der Südseite. Genutzt wird der kleine Flugplatz von Sportflugzeugen, die von hier aus auch zu Rundflügen starten. In der →*internationalen Schifffahrt* ist Hörsten ein Begriff, weil hier einige Reedereien ansässig sind.

Kiel

Unter britischer Besatzung wurde Kiel 1946 Hauptstadt des neuen, eigenständigen Landes Schleswig-Holstein. Die Bevölkerung, darunter viele Flüchtlinge, baute die Stadt neu auf. Durch 90 Bombenangriffe während des Zweiten Weltkrieges waren fast 80 Prozent der Stadt in Schutt und Asche gelegt worden. Schon in den 1950er-Jahren blühte die Hafen-City wieder. So entstand 1953 mit der Holstenstraße eine der ersten Fußgängerzonen in Deutschland. Geprägt wird die Ostsee-Stadt aber vor allem durch die 17 Kilometer lange Förde: der Hafen, die →*Werften*, die Marine, die Meeresforschung, die „Kieler Woche“ als größtes Segelsportereignis der Welt. Etwa 2000 Boote und 5000 Aktive nehmen jedes Jahr daran teil. In Seglerkreisen gilt: Wer bei Olympia siegen will, der muss bei der „Kieler Woche“ gewinnen können. Sie ist aber nicht nur eine Regatta, sondern auch das größte Sommerfest Nordeuropas. Während auf der „Kiellinie“ gefeiert wird, locken Stadtgalerie, Stadt- und Schifffahrtsmuseum mit Ausstellungen und die Bühnen der Landeshauptstadt bringen besondere Aufführungen.

Mit dem reizvollen Umland, den Badeorten an der Förde und reichlich Kultur ist Kiel aber nicht nur während der „Kieler Woche“ ein interessanter und unterhaltsamer Ort.

In der Welt bekannt gemacht wird die Hafenstadt auf besondere Weise durch das Segelschulschiff „Gorch Fock“, das in Kiel seinen Heimathafen hat. Von der Förde aus läuft das Schiff der deutschen Marine zu Fahrten auf allen sieben Weltmeeren aus, ist da-

Viele große, alte Segelschiffe treffen sich zur „Kieler Woche“, um an der Windjammer-Parade teilzunehmen.

mit gleichzeitig zum Werbeträger für die schleswig-holsteinische Stadt geworden. Auch wenn die Fischerei in der Fördestadt längst nicht mehr die Rolle wie früher spielt, die „Kieler Sprotte" ist eine beliebte Spezialität geblieben. Es handelt sich dabei um einen heringsartigen Seefisch, der geräuchert wird.
Große Tradition hat Kiel als Studentenstadt. Die Christian-Albrechts-Universität bietet als Landesuniversität ein breites Fächerangebot. Kiels Lage am offenen Meer begründet die international anerkannte Meeresforschung. Alle, die sich für die Geheimnisse in den Tiefen der Weltmeere interessieren, finden an der Universität und den angegliederten Instituten optimale Arbeitsbedingungen.

Das Gut Warleberg gehört als Ortsteil zur Gemeinde Neuwittenbek.

Kudensee

Die Gemeinde Kudensee im Kreis Steinburg wurde erstmals 1454 unter dem Namen „Uth dem Kudensee" urkundlich erwähnt. Ende des 16. Jahrhunderts kamen die ersten Siedler, die zunächst die Wiesen am Ufer des flachen Kudensees in Besitz nahmen. Um 1700 wurden Torftransporte auf dem Wasserweg vom Kudensee in den Hafen von Brunsbüttel durchgeführt. Hierzu diente der „Kudenseer Kahn", ein neun Meter langer Lastkahn, der bis zu 7000 Torfsoden fasste. Durch den Bau des Nord-Ostsee-Kanals wurde das Gemeindegebiet durchschnitten. Eine Kanalfähre verbindet Kudensee mit dem Dithmarscher Ort Averlak.

Neuwittenbek

Die Gemeinde im Kreis Rendsburg-Eckernförde besteht aus den Ortsteilen Levensau, Altwittenbek, Neuwittenbek, Warleberg und Landwehr und erstreckt sich am Nordufer des Nord-Ostsee-Kanals von der Levensauer Hochbrücke bis zur Fähre Landwehr. Der Ort wurde im 13. Jahrhundert erstmals urkundlich erwähnt. Vom 16. Jahrhundert bis zur Selbständigkeit 1876 gehörte die Gemeinde zum Gut Warleberg, das heute im Gemeindegebiet liegt. Das Gut wurde 1305 erstmals erwähnt, wird heute als landwirtschaftlicher Betrieb genutzt.

Oldenbüttel

Die Gemeinde im Kreis Rendsburg-Eckernförde besteht aus den Ortsteilen Bokelhoop, Bokhorst und Oldenbüttel. Durch den Kanal wurde die Gemeinde in zwei etwa gleich große Teile aufgeteilt. Sehenswert sind neben dem Nord-Ostsee-Kanal mit der →*Weiche* der →*Gieselaukanal* und die großen Spülfelder, die sich zu Biotopen entwickelten.

Quarnbek

Zu der Gemeinde im Kreis Rendsburg-Eckernförde zählen die Orte Dorotheental, Flemhude, Heitholm, Holm, Landwehr, Rajensdorf, Reimershof, Stampe, Strohbrück und Ziegelhof. Bekannt ist der Ort vor allem durch Gut Quarnbek. Ältester bekannter Besitzer von Herrenhaus Quarnbek war der Ritter Schack Rantzau. 1587 erbaute sein Urenkel Benedikt Rantzau hier eine Wasserburg, die im 18. Jahrhundert abgebrochen wurde. 1733 kaufte der dänische Geheime Rat

Jean-Henri Desmercieres das Gut. Später vererbte er es an seine Stiefschwester Marguerite, die dort ein wildes Leben führte und dafür enterbt wurde. 1902 ging Quarnbek in den Besitz des aus einer Hamburger Kaufmannsfamilie stammenden Oscar Alexander Milberg über. Er erbaute das heutige Quarnbek 1904 im Jugendstil, durch den das Herrenhaus seinen Rang als Kulturdenkmal in Holstein erhalten hat. Eigentümer des Herrenhauses ist seit 1990 die Strathmann AG, die es stilgerecht renovieren ließ und als Tagungs- und Schulungszentrum nutzt. Sehenswert ist auch die St.-Georg-und-Mauritius-Kirche in Flemhude, die um 1240 am Flemhuder See erbaut wurde. Bemerkenswert ist vor allem der Altar von 1685.

Den Ortsteil Landwehr kennen die meisten durch die Kanalfähre. Auf der Nordseite stehen gerne die Angler und legen Ausflügler einen Stopp ein, bestaunen bei Kaffee und Kuchen die Schiffe auf dem Kanal.

Rade

Das Dorf am Nord-Ostsee-Kanal ist vor allem durch den Fischereibetrieb der Familie Brauer bekannt, die seit Generationen am Schirnauer See ansässig ist. Durch den See verläuft der Nord-Ostsee-Kanal. Rade liegt fünf Kilometer nordöstlich von Rendsburg, in der Nähe verläuft die A 7. Die Autobahnbrücke über den Kanal heißt dann auch Rader Hochbrücke. Geschichtlich erwähnt wurde Rade erstmals 1487 als Dorp thom Rade. In dem Dorf gab es früher elf Ziegeleien, die fast alle Steine für die Festung Rendsburg lieferten.

Rendsburg

Die Metropole des Kreises Rendsburg-Eckernförde liegt direkt am Nord-Ostsee-Kanal und an der Eider. Etwa 30 000 Menschen leben dort. Es bestehen gute Einkaufsmöglichkeiten und ein großes Freizeitangebot. Ob Schwimmen, Segeln, Wandern, Reiten, Rudern, Golf oder Tennis – Rendsburg gilt als Sportstadt. In ganz Deutschland bekannt ist Rendsburg als Bauernhauptstadt, findet hier doch jährlich die große Landwirtschaftsmesse Norla statt. Gäste sollten es nicht versäumen, durch die Innenstadt mit ihren alten Bürgerhäusern und engen Gassen zu bummeln. Ein Muss ist auch, einmal über den ge-

Geschichtsträchtiger Paradeplatz in Rendsburg.

schichtsträchtigen Paradeplatz zu gehen, der einen Eindruck von Rendsburgs Bedeutung als Festungsstadt vermittelt.

Aber auch als Schifffahrts-Ort spielt Rendsburg schon seit Jahrhunderten eine wichtige Rolle. Heimische Schiffer befuhren schon im 15. und 16. Jahrhundert die Eider und Rendsburger Kaufleute handelten mit Holz und Getreide. Einen deutlichen Aufschwung erlebte die Stadt aber erst mit dem Bau des Nord-Ostsee-Kanals. Es wurde ein Hafen angelegt, Werften aufgebaut, neue Betriebe angesiedelt.

Schafstedt

Der Bau des Nord-Ostsee-Kanals und die Fertigstellung der Brücke im Verlauf der Autobahn 23 von Hamburg nach Heide im Jahr 1989 haben die Dithmarscher Gemeinde stark geprägt. Wahrzeichen des Dorfes ist die mehr als 350 Jahre alte Eiche, die mitten im Ort steht und 1939 unter Naturschutz gestellt wurde. Zur Gemeinde Schafstedt zählen die Ortsteile Dückerswisch und Hohenhörn, wo sich auch die Fährstelle und der Anlegekai befinden. Durch die Nähe zum Kanal hat sich Schafstedt zu einem beliebten Ferienort entwickelt. Die Umgebung lädt zu ausgedehnten Wanderungen und Radtouren ein. Neben Reit- und Ferienhöfen gibt es verschiedene Übernachtungsmöglichkeiten.

Schacht-Audorf

Der Ort liegt am Südufer des Nord-Ostsee-Kanals und grenzt direkt an die Kreisstadt Rendsburg, die schnell mit der Kanalfähre erreichbar ist. Der Ortsteil Schacht wurde 1330 erstmals als Schachte urkundlich erwähnt, Audorf zehn Jahre später als Ovdorpe. Bis zum Bau des Nord-Ostsee-Kanals waren beide Orte landwirtschaftlich geprägt. Nach Ansiedlung der Eisenhütte Holstein direkt am Kanal im Jahr 1900 wurde der Ort schnell größer, da viele der Arbeiter hier in Schacht-Audorf wohnten. Später siedelten sich weitere Industriebetriebe aus den Bereichen der Stein- und Holzverarbeitung sowie die einzige Gong-Fabrik Deutschlands an. Höhepunkt dieser Entwicklung war die Ansiedlung der Krögerwerft.

Mit dem sogenannten „Rader Durchbruch“ wurde 1908 der Kanal begradigt und dadurch eine kleine Fläche der Audorfer Gemarkung zur Insel gemacht, die „Rader Insel“.

Schülp

Vor 850 Jahren wurde der Ort Schülp (Kreis Rendsburg-Eckernförde) unter der Bezeichnung Scullebi als Ort einer Schlacht der Dänen mit den Dithmarschern gegen die Holsteiner erwähnt. Die Holsteiner siegten und Graf Etheler musste sich mit seinen Truppen nach Schleswig zurückziehen. Schülp war ein Eiderübergang am Ochsenweg und galt als Grenzort zwischen Schleswig und Holstein. Mit dem Bau des →*Eiderkanals* wurde die

Durch die Begradigung des Kanals im Jahr 1908 entstand die Rader Insel.

Eider bei Schülp begradigt und mit dem Bau des Nord-Ostsee-Kanals verlor der Grenzort an der Eider an Bedeutung. Das Dorf liegt auf einem Sandhügel aus der letzten Eiszeit. Eine zehn Meter hohe Sanddüne, der Rüsterberg, liegt im Südwesten am Kanal. Von dieser Erhebung ist ein sehr schöner Blick auf den Nord-Ostsee-Kanal möglich.

Sehestedt

Der Nord-Ostsee-Kanal zieht sich mitten durch den Ort, teilt die Gemeinde. Weithin bekannt ist Sehestedt vor allem wegen der Fährstelle. Auf der Südseite befindet sich eine großzügige, parkähnliche Fläche, die zum Verweilen einlädt. Ein moderner Parkplatz bietet genügend Fläche, sodass auch die Fahrer von Wohnmobilen hier gerne eine Rast einlegen. Auf einer Anhöhe gibt es einen kleinen Imbiss, gleich daneben einen Spiel- und Grillplatz. Oberhalb des Fähranlegers thront die Kirche „Peter und Paul", ein Feldsteinbau aus dem 13. Jahrhundert. Um das Gotteshaus zieht sich der kleine Friedhof. Im Ortskern auf der Nordseite prägt Gut Sehestedt das Ortsbild. Es zählt zu den ältesten Rittergütern im alten Herzogtum Schleswig. Das Herrenhaus entstand 1728 anstelle einer Burg. Der Burggraben wurde 1865 zugeschüttet. Viele Gebäude des noch heute landwirtschaftlich genutzten Guts stehen unter Denkmalschutz. Die nach dem Gut benannte Adelsfamilie Sehested ist noch heute mit einigen Linien in Dänemark verbreitet. Lohnenswert ist der Besuch des Dorfmuseums, das aus der heimatkundlichen Sammlung der Schule hervorging.

Oberhalb des Fähranlegers der Feldsteinbau aus dem 13. Jahrhundert.

Steenfeld

Zur Gemeinde Steenfeld zählen die Ortsteile Pemeln, Liesbüttel, Spann, Wilhelmsburg, Schnittlohe, Fischerhütte und Steenfeld. Der Name des

Ortsteils Fischerhütte weist darauf hin, dass vor dem Kanalbau in der Gieselau viel Fischfang betrieben wurde. Heute hat die Kanalfähre diesen Namen übernommen und sichert eine Verbindung zu den nördlich gelegenen Nachbargemeinden. Der Nord-Ostsee-Kanal ist Gemeindegrenze und gleichzeitig Kreisgrenze zwischen Rendsburg-Eckernförde und Dithmarschen. Im Zuge der Kanalerweiterung wurde die bis dahin am Nord-Ostsee-Kanal eingesetzte letzte Kettenfähre „Fischerhütte" Anfang 1992 als technisches Denkmal auf Land gesetzt. Durch die Nähe zum Kanal hat sich in der Region der Fremdenverkehr entwickelt. Besonders beliebt ist die Gegend bei Naturfreunden, Wanderern und Anglern.

Herrliche Aussicht: Häuser am Kanal in Westerrönfeld.

Westerrönfeld

Das ursprüngliche Eiderdorf Westerrönfeld war früher von einem Heidegebiet umgeben, von dem heute noch ein Rest von etwa 7000 Quadratmetern erhalten ist. In der Mitte des vorigen Jahrhunderts versuchte man es in dem einstigen Fischer- und Bauerndorf auch mit dem Schiffbau, der damals im Nachbarort Schülp, vor allem aber in Nübbel, mit Erfolg betrieben wurde. Die Lage an der Eider und die Verbindung mit dem zur Ostsee führenden Eiderkanal hatte diesem Erwerbszweig in Westerrönfeld jedoch nur vorübergehend Auftrieb gegeben. Der Bau des Nord-Ostsee-Kanals und die damit erfolgte Abtrennung des Ortskerns von der Eider brachte einen tiefen Einschnitt in das Dorfgeschehen. Heute sind die durch den Kanalbau entstandenen Nachteile nahezu vergessen. Die Westerrönfelder wissen um die Attraktion dieser Wasserstraße.

Klein Westerland

„Klein Westerland" wird eine Badestelle am Nord-Ostsee-Kanal genannt. Sie liegt am Rande der Dithmarscher Gemeinde Hochdonn. Fast zum Anfassen nah ziehen hier →*Traumschiffe* und Frachter sowie Segelyachten und kleine Sportboote an den Badenden vorbei. Das ist nicht gefährlich, weil der Strand in einer Bucht liegt und weit genug vom Fahrwasser entfernt ist. Die Grenze, bis zu der sich Schwimmer vorwagen können, ist markiert. Die Badestelle ist aber nicht überwacht, sodass die Gäste ganz auf sich allein gestellt sind. Dafür kostet der Badespaß auch nichts. Ein Campingplatz mit Gastronomie liegt direkt am Strand. Unter den Campern sind auch zahlreiche Sportangler, sodass es einen Angelverein mit dem Namen „Klein Westerland" gibt.

Direkt am Nord-Ostsee-Kanal die Badestelle.

Lenkung

Das Verkehrssicherungssystem des NOK läuft fast vollelektronisch, wird von der Verkehrszentrale in Brunsbüttel gesteuert. Auf dem Leitstand sitzen neben den beiden Schleusenmeistern an drei weiteren Arbeitsplätzen die Nautiker, die den Schiffsverkehr durch den Kanal lenken. Dabei nimmt ihnen die Technik vieles ab. Sie müssen nicht mehr wie früher die Positionen der einzelnen Schiffe mit dem Bleistift auf dem Weg-Zeit-Diagramm einzeichnen. Dies übernimmt alles der Computer. Doch die Entscheidung, welches Schiff in eine →*Weiche* muss, trifft immer noch der Mensch. Grund: Nur erfahrene Seeleute und Nautiker können die Schiffe und die Wettergegebenheiten einschätzen. Begegnen sich beispielsweise bei starkem Seitenwind ein schwerer Öltanker und ein →*Traumschiff* mit seinen hohen Aufbauten, ist für einen Seemann klar, dass der Tanker in die Weiche muss. Denn der hält sich besser auf der Stelle als das leichte, windanfällige Traumschiff. Und das kann der Computer natürlich

Verkehrszentrale in Brunsbüttel.

nicht wissen. Die moderne Digital-Technik liefert aber allen, die mit der Schiffspassage zu tun haben, die notwendigen Informationen und erleichtert damit ihre Arbeit. Denn nicht nur die Schiffslenkung benötigt alle Daten, auch Schleusenmeister, Anmeldestelle, Makler, →*Lotse*, Kanalsteuerer sowie Wasserschutz und →*Zoll*. Erfasst werden die Schiffsdaten im Schiffsdaten-Verarbeitungssystem, auf das alle Beteiligten Zugriff haben und es gegebenenfalls auch ergänzen können.

Die Daten eines Schiffes, das den NOK ansteuert, liefert die Anmeldestelle oder der Makler vorab. Je nach Größe, Tiefgang und auch Ladung erhält jedes Schiff eine Kennziffer von 1 bis 6. Aneinander vorbeifahren dürfen Schiffe auf dem engeren Ostteil des Kanals nur, wenn ihre addierten Kennziffern die Zahl 6 nicht übersteigen. Auf dem ausgebauten Westteil darf die Zahl 7 erreicht werden, bei Schiffen mit geringem Tiefgang sogar die Acht. Ein mittleres Containerschiff der Verkehrsgruppe 4 und zwei kleine Frachter der Verkehrsgruppe 1 können sich ohne Probleme begegnen. Zwei Containerschiffe der Klasse 4

Verkehrsgruppe 1: bis 45 m/55 m Länge und bis 9,5 m/8,5 m Breite. Tiefgang bis 3,1 m.

Verkehrsgruppe 2: bis 65 m/85 m Länge und bis 13 m/11 m Breite. Tiefgang bis 3,7 m.

Verkehrsgruppe 3: bis 120m/140 m Länge und bis 19 m/17 m Breite. Tiefgang bis 6,1 m.

Verkehrsgruppe 4: bis 130 m/160 m Länge und bis 23 m/20 m Breite. Tiefgang bis 9,5 m.

Verkehrsgruppe 5: bis 200 m/210 m Länge und bis 25 m/27 m Breite, Tiefgang ca. 8,7 m.

Verkehrsgruppe 6: bis 235 m Länge und bis 32,5 m Breite, Tiefgang ca. 7 m.

schon nicht mehr. Einer dieser Pötte muss dann in eine Weiche. Seit der Inbetriebnahme des Kanals vor mehr als 100 Jahren wird nach diesem Verkehrsgruppen-System verfahren. Es wurde geschaffen, damit der NOK rund um die Uhr in beide Richtungen befahrbar ist. Mit der neuen Technik, die 2006 eingeführt wurde, ist es aber möglich, die Schiffe reibungsloser durch den fast hundert Kilometer langen Kanal zu lenken. Dabei hilft das Automatic Identification System (AIS), mit dem heute bis auf kleine Schlepper und Binnenfrachter alle Schiffe ausgerüstet sind. AIS sendet alle zehn Sekunden per Funk die Schiffs-Daten sowie die genaue Position. Diese Signale werden von AIS-Empfängern entlang des Kanals aufgefangen. Installiert sind sie in Brunsbüttel, Grünental, auf der Rendsburger Hochbrücke, in Königsförde sowie in Kiel. Das Weg-Zeit-Diagramm auf den Bildschirmen der Schiffslenkung wird mit diesen Daten nicht nur ständig aktualisiert, sondern zeigt auch sofort an, wo es zu „Unerlaubten Begegnungen" kommen könnte. Hier greift dann der Nautiker ein und setzt am PC die Weichen-Signale auf „Rot".

Leuchtturm Kiel-Holtenau

„Der Leuchtturm wird Ihnen eine Feste sein in den Stürmen des Lebens. Spüren Sie Prunk und Glanz und die Salutschüsse der Schiffe, die seinerzeit an dieser Stelle den Kaiser-Wilhelm-Kanal bei seiner Eröffnung weihten."

So wirbt die Tourist-Information Kiel zusammen mit dem Standesamt für eine Trauung im Leuchtturm Kiel-Holtenau. Jedes Jahr – von Mai bis September – geben sich Verliebte in dem historischen Leuchtfeuer das Ja-Wort. Dazu könnte die Kulisse nicht schöner sein: Der über 100 Jahre alte Leuchtturm steht dort, wo sich der Nord-Ostsee-Kanal und die Kieler Förde treffen, und bietet durch seine erhöhte Lage einen herrlichen Blick auf das Wasser und die vorbeiziehenden Schiffe.

Ein gewöhnlicher Leuchtturm ist das Bauwerk ohnehin nicht. Es wird auch das Drei-Kaiser-Denkmal genannt. In einer Wandelhalle, in der auch die Trauungen abgehalten werden, erinnern drei Tafeln an die Bauherren des Nord-Ostsee-Kanals. Das erste Relief ist Kaiser Wilhelm I. gewidmet, der am 3. Juni 1887 im Beisein seines Enkels den Grundstein zum Kanalbau legte. Auf dieser Tafel ist bereits der Name Nord-Ostsee-Kanal zu lesen. Ein weiteres Relief erinnert an Kaiser Friedrich III., unter dessen kurzer Regierungszeit (er starb nach kurzer Krankheit an Krebs) im Mai 1888 mit der Herstellung des Kanalbetts begonnen wurde.

Auf der dritten Tafel ist Kaiser Wilhelm II. verewigt, der 1895 den Kanal eröffnete und ihn mit einer Fahrt auf der kaiserlichen Yacht „Hohenzollern" in Betrieb nahm.

Bis heute ist das gemauerte, 16 Meter hohe Baudenkmal noch voll funktionsfähig und zeigt den Schiffen, die von der Förde kommend die →*Schleuse* ansteuern wollen, den richtigen Weg durch die Dunkelheit.

Das nördliche Kanalende wird durch einen etwas erhöht stehenden denkmalähnlichen Leuchtturm bezeichnet.

Lotsen

Ohne einen Lotsen an Bord darf kein Schiff den Nord-Ostsee-Kanal passieren, mal abgesehen von Sportbooten und -yachten. Organisiert sind die mehr als 250 NOK-Lotsen in zwei Brüderschaften. Das sind Körperschaften des öffentlichen Rechts, die keine Gewinne einfahren dürfen. So werden sämtliche Erlöse an die Lotsen ausgezahlt. Das Besondere: Alle, ob Anfänger oder Langgedienter, erhalten die gleiche Vergütung. Sie teilen also brüderlich, woher auch der Name Brüderschaft rührt.

Die Lotsenbrüderschaft NOK I mit Sitz an der Neuen Schleuse in Brunsbüttel ist für die Kanalstrecke von Brunsbüttel bis zur Lotsenwechselstation Rüsterbergen zuständig, die bei Kanalkilometer 55 ihren Standort hat. Von dort sind es dann noch mal 44 Kilometer bis Kiel-Holtenau. Diese Strecke wird von den Kieler Kollegen betreut. Lotsen sind ausgebildete Kapitäne, die Riesenschiffe über die Weltmeeren schippern könnten. Auch wenn sie immer wieder die „Olle Rinne" – wie

Lotsenwechselstation Rüsterbergen.

ORNA

Das Lotsenboot wird erwartet.

sie ihren Kanal schon mal nennen – hoch- und runterfahren müssen, Langeweile kommt nicht auf. Zu verschieden sind die vielen Schiffe, die sie durch die künstliche Wasserstraße führen müssen.

Und so sieht der Fahrplan für ein Schiff aus, das von Hamburg den NOK ansteuert: Eine Stunde bevor es die Reeden vor Brunsbüttel erreicht, setzt der Elblotse von Bord aus eine Meldung an das Lotsen-Wachbüro ab: „Die Baltica, von Hamburg nach Tallin via NOK, in einer Stunde auf den Reeden." Liegt der Frachter auf der Reede, wird ein Hafenlotse mit

einem Boot zum Schiff gebracht, geht an Bord. Er unterstützt den Kapitän bei der Fahrt in die →*Schleuse*. Erst jetzt, wo der Frachter in einer Schleusenkammer festgemacht hat, kommt der Kanallotse zum Zuge. Er übernimmt das Schiff und startet nach der Schleusung die Reise durch den NOK.

Lotsen sind zwar nur Berater des Kapitäns, doch faktisch haben sie das Kommando. Eine Kanalfahrt ist gerade bei großen Pötten mit mehr als 100 Meter Länge und einem Tiefgang von mehr als 6,10 Metern nicht ungefährlich. Ganz schnell kann die Fahrt in der Uferböschung enden, wenn der Koloss nicht richtig gelenkt wird. Aus diesem Grund wird in diesen Fällen neben dem Kanallotsen noch ein Kanalsteuerer eingesetzt.

Bis zur Lotsenwechselstation Rüsterbergen, die fast auf der Hälfte der Strecke liegt, benötigen die Schiffe etwa drei Stunden und 40 Minuten, wenn sie keinen Stopp in einer →*Weiche* einlegen müssen. In Rüsterbergen übernehmen die Kollegen der Kieler Lotsenbrüderschaft NOK II die Schiffe. Der Brunsbütteler Lotse wartet dann auf ein Schiff, das aus Richtung Kiel kommt und nach Brunsbüttel will. Dies kann manchmal Stunden dauern, deshalb sind im Lotsenhaus Ruheräume eingerichtet. Nach der Rückfahrt in Brunsbüttel hat der Lotse frei. Wie lange, kann niemand sagen. Je nach Personalstand und Schiffsaufkommen wird er zum nächsten Törn gerufen.

Moltkestein

Auf einer Anhöhe der Gemeinde Schülp, direkt gegenüber der Lotsenstation Rüsterbergen, liegt ein riesiger, 15 Tonnen schwerer Findling. Der Granitstein war der größte, der bei den Baggerarbeiten für den Nord-Ostsee-Kanal ans Tageslicht kam. Kaiser Wilhelm II. ließ ihn als Gedenkstein zur Erinnerung an seinen Generalfeldmarschall Graf Moltke aufstellen.

Der Kaiser und sein Feldmarschall hatten den Kanal während der Bauarbeiten noch am 6. April 1891 besichtigt, vier Jahre vor seiner Eröffnung. Moltke war wenige Wochen danach verstorben.

Wilhelm II. wollte dem 91-jährigen Generalfeldmarschall mit dem Stein eine bleibende Erinnerung sichern. Dies ausgerechnet am Kanal, dessen Bau Moltke mit aller Kraft verhindern wollte. Bei den Planungen hatte er sich in seiner Funktion als Reichstagsabgeordneter massiv gegen das Projekt ausgesprochen.

Helmuth Graf Moltke kam am 26. Oktober 1800 in Parchim zur Welt, wurde 1819 dänischer Offizier und wechselte 1822 in die preußische Armee. Nach vier Jahren in preußischen Diensten schlug er die Generalstabslaufbahn ein und wurde 1864 im Deutsch-Dänischen Krieg Generalstabschef. Im Deutschen Krieg (1866) und im Deutsch-Französischen Krieg (1870/71) gab er sämtliche Befehle der Heeresführung. Für seine Verdienste erhob Kaiser Wilhelm I. ihn 1870 in den Grafenstand und ernannte ihn 1871 zum preußischen Generalfeldmarschall.

Der Marschallstab auf dem Gedenkstein am Kanalufer erinnert an diese höchste militärische Würde.

Moltkestein mit dem Marschallstab.

Museums-Fähre

An die Generation der alten Kettenfähren erinnert die Fähre „SF 80 Fischerhütte", die bis 1991 an einer über 100 Meter langen Eisenkette hängend den Nord-Ostsee-Kanal überquerte. Heute steht sie als technisches Denkmal auf der Südseite der Fährstelle Fischerhütte. Zum letzten Mal tat sie am 21. Februar 1991 ihren Dienst. Die 23,5 Meter lange und 9 Meter breite Kettenfähre musste nach 40 Dienstjahren ausgemustert werden, weil der Kanal in diesem Bereich von 100 auf 160 Meter verbreitert wurde und die Ketten-Technik deshalb nicht mehr als geeignet erschien. Seitdem ist eine moderne, frei fahrende →*Fähre* im Dienst. Während die SF 80 rund um die Uhr besetzt war, fährt die neue nachts nicht mehr.

Mit einem riesigen Kran wurde 1991 die mehr als 100 Tonnen schwere Kettenfähre an Land gehievt und offiziell als Museumsschiff eingeweiht. Seitdem kommen jedes Jahr viele Besucher, um das alte Gefährt zu bestaunen. Da die SF 80 aufgebockt ist, lässt sich genau nachvollziehen, wie der Antrieb der Kettenfähre funktionierte.

Kettenantrieb der alten Fähre „Fischerhütte".

Oldtimer

Auch alte Segler und andere Oldtimer lassen sich auf dem Nord-Ostsee-Kanal bewundern. Mit Sicherheit sind sie in den Tagen vor der Kieler Woche anzutreffen. Wer sich für Oldtimer interessiert, sollte einmal das Kieler Schifffahrtsmuseum unmittelbar an der Kieler Förde besuchen. In der ehemaligen Fischhalle sind Schiffsmodelle, nautische Instrumente und Galionsfiguren zu sehen. Außerdem sind dort Marinebilder der Kaiserzeit ausgestellt. Und an der Museumsbrücke liegen drei unterschiedliche Oldtimerschiffe: Der Seenotrettungskreuzer „Hindenburg", das Feuerlöschboot „Kiel" und der Tonnenleger „Bussard", der etwas ganz Besonderes ist. Er wurde zur Seezeichenwartung in der westlichen Ostsee eingesetzt. Gebaut 1905/06 in Papenburg auf der Meyer-Werft, war er zunächst in Sonderburg stationiert. 1919 wurde er an die Kieler Förde verlegt. Seit Mitte der 1960er-Jahre war der Dampfer mit seiner markanten Rauchfahne Start- und Zielschiff der Kieler-Woche-Regatten. Er wurde 1979 als letztes dampfbetriebenes Seeschiff der Bundesrepublik außer Dienst gestellt.

Die Barkentine „Atlantis", ein Dreimastsegler mit einer Mischtakelung aus Rah- und Schratsegeln.

Packhaus Holtenau

Das historische Kanalpackhaus in Kiel-Holtenau erinnert an den florierenden Warenumschlag vergangener Zeiten. Das dreigeschossige Backsteingebäude mit Ladetoren und Luken stammt aus dem Jahr 1783 und wurde fast zwei Jahrhunderte lang als Speicher genutzt. Erst in den 1980er-Jahren wurde es umgebaut. Seitdem beherbergt es Wohnungen und ein Restaurant. Bei dem Umbau wurde Wert darauf gelegt, das Ursprüngliche des alten Ziegelbaus zu erhalten. Vor dem Packhaus erinnert ein großer Obelisk mit der Aufschrift „Patriae et populo, 1784" an die Fertigstellung des *→Eiderkanals*, des Vorläufers des Nord-Ostsee-Kanals. Das Packhaus war in der Gründerzeit das einzige mehrstöckige Gebäude, das auf dem großen Platz am östlichen Eiderkanaleingang stand. Damals gab es vergleichbare Bauten nur in großen Handelsstädten.

Dies macht deutlich, dass der Alte Eiderkanal den gesamten Handel beflügeln sollte. Der Zwillingsbau des Kieler Packhauses steht am Tönninger *→Hafen*. Beide Packhäuser dienten als Lager und als Umschlagplatz für Getreide und andere Waren.

Historisches Packhaus in Kiel-Holtenau.

Petrijünger

Der Nord-Ostsee-Kanal ist seit jeher ein beliebtes Anglerrevier. Auf der gesamten Strecke zwischen Kiel und Brunsbüttel gibt es einen guten Bestand an Aalen und Weißfischen, hat der Landesverband der Sportfischer festgestellt. Im Kieler Bereich werden Salmoniden, Plattfische und Dorsche gefangen, im Raum Dithmarschen sowie westlich von Rendsburg bestehen gute Aussichten auf Karpfen und Zander. Insgesamt sind bislang mehr als 80 Fischarten im Kanal nachgewiesen.

Durch die Verbindung zu den Meeren und zu anderen Gewässern findet ein ständiger Austausch des Kanalwassers und somit auch von Fischen statt. Es ziehen sogar Meer- und Bachforellen durch den NOK. Entlang des Kanals gibt es eine Reihe von Angelsportvereinen, die Teilstrecken gepachtet haben. Natürlich werden auch Erlaubniskarten für Gäste vergeben. Die Tourismusbüros verfügen über entsprechende Adressen.

Beliebt ist der Kanal auch als Revier für die Petrijünger.

Radar-Kontrollen

Nicht nur auf Straßen, auch auf der meistbefahrenen künstlichen Wasserstraße der Welt werden für Temposünder Radarfallen aufgestellt. Denn wie auf der Straße gelten auf dem Nord-Ostsee-Kanal Tempolimits. Ob diese von den Kapitänen und →*Lotsen* auf den Schiffen eingehalten werden, kontrollieren Beamte der Wasser- und Schifffahrtsämter regelmäßig mit einem Radargerät.

Große Schiffe können bei zu hoher Geschwindigkeit durch den Sog die Uferböschung beschädigen.

Und so funktioniert das: Die mobile Kamera wird an einem der zahlreichen Lampenmasten ausgerichtet, die entlang der Uferböschung stehen und mit einer Kilometerangabe versehen sind.

Die Masten dienen den Kapitänen als Orientierung und sind durch ihr Licht in der Dunkelheit eine Navigationshilfe.

Wenn ein Schiff in die Radar-Messstrecke fährt, wird es von der Kamera erfasst und auf einem Foto festgehalten. Gleichzeitig ist auch der Lampenmast mit der Kilometerangabe sichtbar. Nach etwa fünf Kilometern, am Ende der Messstrecke, wird das Schiff noch einmal fotografiert. Die beiden Kameras erhalten dabei über eine Antenne von der Physikalischen Technischen Bundesanstalt in Braunschweig sekundengenau Datum und Uhrzeit. Auch der Standort wird digital erfasst und ist später auf dem Bild zu sehen. Aus der Zeitdifferenz zwischen beiden Messpunkten und der Wegstrecke kann die exakte Geschwindigkeit des kontrollierten Schiffes festgestellt werden.

Auf dem Kanal dürfen Schiffe mit einem Tiefgang von mehr als 8,5 Metern nur 12 Stundenkilometer schnell sein, für alle anderen gilt eine zulässige Geschwindigkeit von 15 Kilometern pro Stunde.

Wer nur 1,5 km/h zu schnell ist, wird ermahnt. Wer schneller fährt, den erwartet ein Ordnungswidrigkeitsverfahren. Das betrifft den Schiffsführer ebenso wie die Lotsen.

Grund für dieses rigorose Vorgehen: Die großen Pötte können bei zu großer Geschwindigkeit durch Sog und Wellenschlag die Uferböschung zum Absacken bringen und auch das Kanalbett beschädigen.

Radfahrer-Paradies

Die „Radroute Nord-Ostsee-Kanal", die auch NOK-Route genannt wird, zählt zu den interessantesten Radwanderwegen Deutschlands. Denn kein anderer Weg führt an einem Wasser vorbei, das so stark von →*Traumschiffen* und imposanten Frachtern befahren wird. Und das Schönste: Radeln entlang des fast 100 Kilometer langen Kanals ist überhaupt nicht anstrengend, denn es gibt im Land zwischen den Meeren kaum Steigungen.

Angeboten werden auf der NOK-Route Etappen, die jeweils bis zu 50 Kilometer lang sind. Alle Streckenabschnitte zusammen erreichen eine Länge von 325 Kilometern. Die Etappen führen nicht nur über die Beton-

Es lässt sich auf der Spurbahn neben dem Kanal sehr gut radeln.

Viele Gruppen von Radfahrern sind auf der Spurbahn am Kanal unterwegs.

spurbahnen entlang der Kanalufer, sondern leiten die Radler auch ins Hinterland. Denn links und rechts des NOK gibt es viel zu entdecken. Es können die Hafenstädte Kiel, Rendsburg und Brunsbüttel erkundet, der Steinzeitpark bei Albersdorf erlebt oder Gutshäuser besichtigt werden. Und es gibt Wunderwerke der Technik zu bestaunen: →*Brücken*, →*Tunnel*, →*Häfen*, →*Schleusen* und →*Fähren*. Langeweile kommt auch nicht auf, wenn man einfach am Ufer entlangradelt, denn im Durchschnitt passieren jeden Tag 110 Schiffe die künstliche Wasserstraße zwischen Nord- und Ostsee.

Damit sich die Radtouristen entlang der unterschiedlichen Strecken pro-

blemlos zurechtfinden, sind in Abständen von zehn bis zwölf Kilometern dreiteilige Infotafeln aufgestellt. Neben dem Routenverlauf erfährt der Gast unter anderem alle allgemeinen Daten über den Kanal. Im zweiten Teil ist der Standort beschrieben, an dem sich der Radler gerade befindet. Es wird auf die Historie des Ortes eingegangen und auf die Sehenswürdigkeiten hingewiesen. Auch gibt es einen Ortsplan, auf dem alle wichtigen Einrichtungen wie Freibad, Theater oder Museen gekennzeichnet sind. Der dritte Teil der Tafel ist allen nützlichen Tipps reserviert: Wo ist die nächste Übernachtungsmöglichkeit, wo die nächste Bus- oder Bahnstation?

In der gesamten Kanalregion haben sich Gastwirte und Vermieter auf die Radtouristen eingestellt. So gibt es spezielle Radfahrer-Herbergen, wo Biker nicht nur günstig übernachten können, sondern auch alles finden, worauf es einem leidenschaftlichen Radurlauber ankommt. Zum Beispiel diebstahlsichere Abstellplätze für die meist teuren Drahtesel.

Pauschalangebote für mehrtägige Radtouren bietet das Tourismusbüro Nord-Ostsee-Kanal in Rendsburg an. Möglich ist es sogar, mit dem Fahrrad von Brunsbüttel nach Kiel oder umgekehrt zu radeln und mit einem der →*Ausflugsschiffe* zurückzuschippern. Da diese Angebote von den Fahrplänen der Ausflugsschiffe abhängig sind und die Nachfrage erfahrungsgemäß groß ist, empfiehlt sich eine rechtzeitige Anmeldung.

Infos: www.nok-route.de

Ruder-Marathon

Rendsburg und der Nord-Ostsee-Kanal stehen jedes Jahr im Oktober ganz im Zeichen des internationalen Rudersports: Beim E.ON-Hanse-Cup treten die Achter-Nationalteams aus Deutschland, Großbritannien, Holland und den USA und anderen Ländern zu einem spektakulären Langstrecken-Rennen über 12,7 Kilometer an. Das längste Ruder-Rennen der Welt findet zwischen Breiholz und Rendsburg statt. Mehr als 100 000 Besucher sind es jedes Mal, die sich dieses Spektakel nicht entgehen lassen wollen. Aus dem Ruder-Ereignis ist ein richtiges Volksfest geworden, das Menschen von nah und fern lockt. Hautnah können sie die Wettfahrten vom Kanalufer aus verfolgen.

Beim E.ON Hanse Cup messen sich internationale Achter beim härtesten Rudermarathon der Welt. Hier ein Start zum Sprintrennen.

Schiffsbegrüßung

„Hallo verehrte Gäste. Es nähert sich ein Container-Schiff auf der Fahrt von Bremerhaven nach Riga." So klingt es aus den Lautsprechern des Ausflugslokals „Brückenterrassen" am Ufer des Nord-Ostsee-Kanals in Rendsburg, gleich neben der historischen Eisenbahnbrücke. Von hier aus haben die Gäste einen freien Blick auf die Wasserstraße und die Schiffe, die vorbeifahren. Und sie bekommen aus erster Hand alle Informationen über die passierenden Frachter, Container-Schiffe und Kreuzfahrer. Dafür sorgt seit 1996 das Team der Schiffsbegrüßung, das in einem Pavillon zwischen Ausflugslokal und Kanal untergebracht ist und an jedem Tag des Jahres von zehn Uhr morgens bis zum Sonnenuntergang auf dem Posten ist.

„Heute bin ich für die Schiffe zuständig", sagt der diensthabende Schiffsbegrüßer, der die Gäste auch gleich mit reichlich Daten über das Schiff versorgt, das gerade die Kanalbrücke passiert. „Husky Runner" heißt es. 140 Meter lang, 24 Meter breit, 8,80 Meter Tiefgang, voll beladen.

Kurz darauf erklingt auch schon die Nationalhymne des vorbeifahrenden Schiffes. Etwa 220 Hymnen sind in der Schiffsbegrüßungsanlage gespeichert. Sogar die vom Vatikan.

Mit dem Erklingen der Hymne ist es aber nicht getan. Wie in der Seefahrt üblich, muss bei einer Begrüßung das Dippen der Flaggen folgen. Per Knopfdruck wird die Deutschland-Fahne, die an einem zehn Meter hohen Mast weht, über Motor und Seilwinde in Bewegung gesetzt. Einmal fast bis auf die Hälfte herunter und dann wieder hoch. Danach tritt der Schiffsbegrüßer ans Kanalufer und winkt der Besatzung zu. Die meisten auf dem Schiff grüßen zurück und dippen ebenfalls ihre Flagge.

Kaum ist ein Schiff vorbei, kommt manchmal schon das nächste. Schnell das Fernglas und sehen, um welchen Frachter es sich handelt. Zwar ist die Schiffsbegrüßung online mit dem Schiffsmeldedienst in Hamburg verbunden, der alle Kanalpassagen meldet. Doch wann genau ein Schiff Rendsburg erreicht, kann auch der Computer nicht sagen. Grund: Allein die Kanallenkung entscheidet, ob ein Schiff ohne Wartezeiten in einer →*Weiche* zügig den NOK passieren

Direkt unter der Rendsburger Hochbrücke befindet sich die Schiffsbegrüßungsanlage.

kann oder andere Vorfahrt haben. So sind die Schiffsbegrüßer auf Fernglas und gute Augen angewiesen. Dabei geraten sie schon mal richtig in Stress, wenn ein Pott nach dem anderen auf sie zufährt. Steht der Name des Frachters fest, wird schnell die Dateikarte mit den Infos gezogen. Darauf hat das Team alles notiert, was ebenfalls nicht im Computer steht: Heimathafen, Baujahr, Maschinenleistung, Bruttoraumzahl. Hinzu kommen spezielle Angaben wie die Anzahl der Autos, die ein Autofrachter laden kann. Oder welches Land ein Getreidefrachter ansteuert.

Gerne lassen die Schiffsbegrüßer zur Unterhaltung der Gäste und Schaulustigen ihre Fantasie spielen, spinnen ein wenig Seemannsgarn. Und stolz sind sie darauf, dass sich zwischen ihnen und den Seeleuten auf den Schiffen verschiedene Kontakte entwickelt haben, wovon auch die Weihnachtspost zeugt. Eine Crew aus Lettland war enttäuscht, dass es die Flagge ihres Heimatlandes an der Begrüßungsanlage nicht entdecken konnte. Prompt hinterließ der Kapitän eine Lettland-Fahne an der Lotsenstation Rüsterbergen – mit dem Hinweis, er möchte sie beim nächsten Mal an der Rendsburger Schiffsbegrüßungsanlage sehen.

Schlepper

Ab einer bestimmten Größe und bei zu starkem Wind müssen die Kanallotsen für die Einschleusung eines Schiffes die Unterstützung eines Schleppers anfordern. Dies ist durch die Strömungsverhältnisse der Elbe besonders in Brunsbüttel vonnöten. Schon im Vorhafen nimmt der Schlepper einen großen Pott achtern auf und führt ihn in die Schleusenkammer. Dies geschieht genauso in Kiel-Holtenau. Auf dem Nord-Ostsee-Kanal stehen etwa 15 Schleppfahrzeuge zur Verfügung. In Brunsbüttel betreiben die

Ein Schiffsrohbau von einer Werft in Polen wird durch den Kanal geschleppt.

An der „Maxim Gorkiy" hängt ein Schlepper zum Bugsieren.

Firmen Schramm und Bugsier das Geschäft, in Holtenau die Schlepp- und Fährgesellschaft Kiel.
Neben der Schleusung werden auch ganze Schleppzüge durch den Kanal geführt. Das sind Pontons oder Schiffsrohbauten, oft aus Russland und Polen. Der „Steuerschlepper" ist übrigens immer der, der achtern aufgestoppt hat.

Schleuse Strohbrück

Eine ungewöhnliche Kanalgeschichte schreibt der Achterwehrer Schifffahrtskanal westlich von Kiel. Er wird seit 1913 von der Schleuse Strohbrück gegen den 6,74 Meter tiefer gelegenen Nord-Ostsee-Kanal abgeschottet. Interessierte Besucher werden aber enttäuscht sein, wenn sie die unter Denkmalschutz stehende →*Schleuse* in Augenschein nehmen. Denn das Bauwerk mit einer 40 Meter langen und 8 Meter breiten Kammer ist seit dem Jahr 2001 außer Betrieb, ein hoher Zaun sichert die Anlage. Dies war notwendig geworden, nachdem immer wieder Jugendliche zum Badespaß in die Kammer sprangen. Stillgelegt wurde die Schleuse, da ein Tor nicht mehr funktionierte. Auf die Reparatur, die einer teuren Grundsanierung gleichgekommen wäre, wurde bislang verzichtet, weil der Achterwehrer Kanal zuletzt nur noch von Sportbooten und →*Ausflugsschiffen* genutzt wurde. Der letzte öffentliche Lösch- und Ladeplatz ist bereits seit 1996 geschlossen.

Die Entstehung des knapp drei Kilometer langen Schifffahrtskanals hängt mit dem angrenzenden, nur durch einen Damm getrennten Flemhuder See sowie dem Bau des Nord-Ostsee-Kanals zusammen. Durch den NOK-Bau in den Jahren 1891/92 musste der Flemhuder See auf die Wasserstandshöhe des NOK gebracht werden. Dies bedeutete eine Absenkung des Wasserspiegels um etwa sieben Meter, wodurch sich die Seefläche von 234 auf 90 Hektar verkleinerte. Die verlandeten Seeflächen wussten die Kanal-Baumeister auch gleich zu nutzen: Große Mengen des Baggerguts aus dem Kanalbett wurden dort abgelagert und der Natur überlassen. So entwickelte sich ein etwa 150 Hektar großes Biotop.

Eine weitere Einengung des Flemhuder Sees folgte mit der Kanalverbreiterung zwischen 1908 und 1914. Wieder wurden dort große Bodenmengen deponiert. Um genügend Platz zu haben, mussten die vorhandenen Lösch- und Ladeplätze abgerissen und in Nähe der Ortschaften Flemhude und Achterwehr neu errichtet werden. Zudem wurde der bereits für die Entwässerung angelegte Ringkanal ausgebaut, damit die Schiffe in den Nord-Ostsee-Kanal gelangen konnten. Das war die Geburtsstunde des heutigen Achterwehrer Schifffahrtskanals. Zum Nord-Ostsee-Kanal hin entstand die Schleuse Strohbrück.

Die Schleuse Strohbrück aus dem Jahr 1913 ist nicht mehr in Betrieb.

Nach der Inbetriebnahme herrschte über Jahrzehnte ein reger Güterverkehr. Die Schiffe nahmen vor allem Getreide aus der gesamten Region auf. Mit dem Strukturwandel in der Landwirtschaft und dem Transportwesen verlor die künstliche Wasserstraße an Bedeutung. Bereits Anfang der 1990er-Jahre wurde über eine Stilllegung der Wasserstraße und der Schleuse nachgedacht, nachdem 1986 die letzte gewerbliche Umschlagstelle geschlossen wurde.

Heute ist die gesamte Region ein Kleinod mit großem Erholungswert. Es sind vor allem Kanufahrer, die das Revier für sich entdeckt haben, aber auch Radfahrer kommen im Zuge der NOK-Route dort vorbei. Und vom Nord-Ostsee-Kanal aus fahren Freizeitskipper in den Flemhuder See. Es sind Bojen vorhanden, an denen sie ihre Boote festmachen können.

Ob der benachbarte Achterwehrer Schifffahrtskanal jemals wieder für Sportboote und Ausflugsschiffe geöffnet wird, ist ungewiss. Für die künftige Nutzung sind vor allem landeskulturelle Interessen wie Natur- und Denkmalschutz ausschlaggebend.

Schleusen

Um die Wasserstände auszugleichen, sind am Anfang des Nord-Ostsee-Kanals in Brunsbüttel und am Ende in Kiel-Holtenau Schleusen gesetzt. Sie wurden bei der Inbetriebnahme als technische Wunderwerke gefeiert. Besucher können von Aussichtsplattformen aus die Schleusungen verfolgen. In Kiel-Holtenau werden zusätzlich auch Führungen angeboten. Die Schleusenanlagen in Kiel und Brunsbüttel sind baugleich. Beide verfügen noch über die intakte Alte Doppelschleuse aus der Gründerzeit. Die beiden 125 Meter langen Kammern werden heute für Sportboote sowie kleinere Schiffe genutzt. Da die 1895 gebauten Alten Schleusen bereits wenige Jahre später zu klein waren, entstanden von 1909 bis 1914 im Zuge der Kanal-Erweiterung die Neuen Doppelschleusen. Ihre Kammern sind 310 Meter lang und 45 Meter breit.
Am Beispiel der Brunsbütteler Schleusen soll hier der Ablauf der Schleusung erläutert werden: In Brunsbüttel muss zwischen der Elbe und dem

Einfahrt in die Schleuse Brunsbüttel

Festmacher auf der Schleuse Brunsbüttel

Nord-Ostsee-Kanal ein Wasserstand von etwa 1,50 Meter ausgeglichen werden. Die ankommenden Schiffe werden in der Regel bereits Stunden vor ihrem Eintreffen vom Schiffsmakler bei der Kanallenkung angemeldet. Der mit modernster Technik ausgestattete Zentralleitstand befindet sich auf dem Anlegekai zwischen den beiden großen Schleusenkammern. Die

Mitarbeiter lenken von dort aus die Schiffe durch den Kanal. Die Einweisung in die Schleuse liegt allerdings in der Verantwortung der Schleusenmeister. Und das sichere Anlegen der Schiffe übernehmen die Festmacher.

Vor allem sind es mittelgroße Containerschiffe, die von Hamburg, Bremerhaven oder England und Frankreich kommend auf dem Weg nach Russland oder den baltischen Ländern sind. Je nach Größe passen in jede Kammer der Neuen Schleuse vier bis fünf Fahrzeuge. Sind sie fest vertäut, schließt sich das 1300 Tonnen schwere Stahltor. Danach werden die Schütze geöffnet und das Wasser läuft so lange durch gemauerte Umlaufkanäle, bis sich die Wasserstände der Schleusenkammer und des Kanals oder der Elbe von selbst angeglichen haben. Inzwischen sind auch der →*Lotse* und ab einer bestimmten Schiffsgröße zusätzlich noch ein Kanalsteuerer an Bord gegangen. Sie sollen das Schiff sicher durch den Kanal führen.

Die Schleusung kann bis zu 45 Minuten dauern. Danach öffnet sich das Tor am anderen Ende der Kammer, und die Schiffe können ihre Reise fortsetzen. Nach sechs bis acht Stunden Kanalfahrt erreichen die Pötte Holtenau, wo sie in die Ostsee geschleust werden.

Nächste Seite: Blick auf die Schleuse Holtenau

CORSAR

Regatta
STOP

Schwebefähre

Sogar Spaniens König Juan Carlos I. ist von ihr begeistert: Die Schwebefähre unter der Rendsburger Eisenbahnbrücke zählt zu den acht letzten, die es auf der Welt noch gibt. Um deren Erhalt bemüht sich die World Transporter Bridge Association mit dem spanischen König an der Spitze. Juan Carlos faszinieren Schwebefähren, besonders natürlich die in Bilbao. Mit seiner

Vier 38,2 Milimeter starke Tragseile halten die 45 Tonnen schwere Fähre, acht Seile sorgen für die Stabilität.

Unterstützung konnte das Gefährt, das über den Fluss Nervión führt, liebevoll restauriert werden. Das historische Bauwerk wurde dadurch zum Tourismus-Magnet für die ganze Region.

Eine ähnlich große Anziehungskraft geht von der →*Fähre* in Rendsburg aus. Immer mehr Urlauber aus Deutschland und dem europäischen Ausland steuern den Nord-Ostsee-Kanal an, um einmal im Leben auf ungewöhnliche Weise die meistbefahrene künstliche Wasserstraße der Welt zu überqueren. Die Schwebefähren in Bilbao und Rendsburg verbindet aber auch etwas anderes: Es sind die Einzigen ihrer Art, die keine Museums-Gefährte sind, sondern noch uneingeschränkt genutzt werden. Dennoch steht die schleswig-holsteinische Schwebefähre, die im Volksmund „Eiserne Lady" genannt wird, seit 1988 unter Denkmalschutz.

Die Rendsburger Schwebefähre gilt als technisches Wunderwerk und hängt wie ein Korb 35 Meter unterhalb der historischen Eisenbahnbrücke. Sie besteht aus einem Fährwagen, der von vier Elektromotoren angetrieben über Schienen rollt, die auf den Brückenrändern montiert sind. An dem Fährwagen sind Stahlseile angebracht, an deren Ende die eigentliche Fähre befestigt ist. Vier 38,2 Millime-

Die Fähre verfügt über neueste Radartechnik, sodass sie auch in der Dunkelheit oder bei Nebel eingesetzt werden kann.

ter starke Tragseile halten die 45 Tonnen schwere Fähre, acht Seile sorgen für die Stabilität. Die Spannseile stellen sicher, dass die Fähre ruhig fährt und nicht wie ein Pendel hin- und herschlägt. Um seine →*Sicherheit* muss sich ohnehin kein Fahrgast sorgen. Die „Eiserne Lady" wurde auf den neuesten Stand der Technik gebracht. So verfügt der Fährmaschinist in seinem Brückenstand über modernes Radar. Damit kann er rechtzeitig in der Dunkelheit oder bei dichtem Nebel erkennen, ob sich ein Schiff nähert. Ablegen darf die Schwebefähre nur, wenn das nächste Schiff mindestens 800 Meter entfernt ist.

Seit 1913 pendelt die „Eiserne Lady" nun schon im 15-Minuten-Takt über den Kanal hin und her, befördert Menschen und Fahrzeuge zwischen Rendsburg und Osterrönfeld. Täglich sind es durchschnittlich 520 Autos und kleine Lastwagen sowie 1700 Personen.

Das 14 Meter lange und 6 Meter breite Stahlgestell passiert den Kanal mit einem Tempo von fünf Stundenkilometer und braucht für die 125 Meter lange Fahrstrecke exakt eineinhalb Minuten. Seit ihrer Inbetriebnahme am 2. Dezember 1913 hat die Fähre nicht ein einziges Mal den Fahrplan geändert: Im Winter beginnt der Betrieb morgens um 5 und endet abends um 22 Uhr, im Sommer um 23 Uhr. Die Überfahrt ist übrigens kostenlos, was vor allem Urlauber positiv überrascht.

Sicherheit

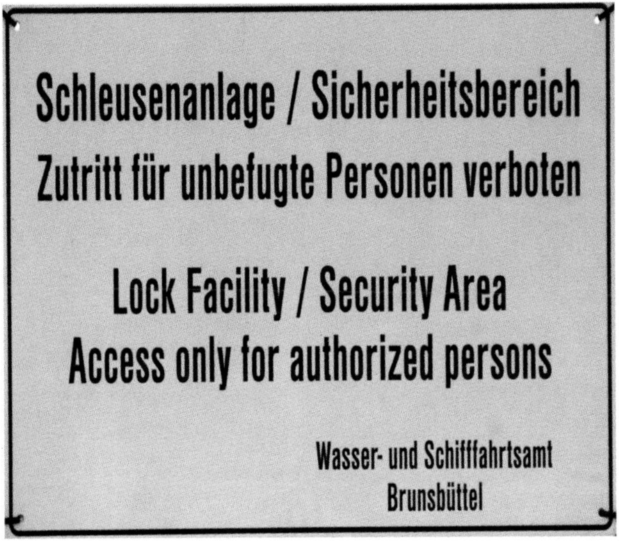

So freizügig wie früher können sich die Besucher auf den Schleusenanlagen und in den →*Häfen* nicht mehr bewegen. Dies liegt an den gesetzlichen Anforderungen aus dem ISPS-Code (International Ship and Port Facility Security), die nur ein Ziel haben: Schiffe und Hafenanlagen vor Terror-Anschlägen zu schützen. Grundsätzlich müssen in allen Hafenanlagen, die Schiffe in der internationalen Fahrt bedienen, diese gesetzlichen Verordnungen umgesetzt werden. Dies gilt auch für die →*Schleusen*.

In Kiel-Holtenau sorgt der Sicherheits-Code unter anderem dafür, dass auf der Südseite (Kiel-Wik) die bisherige Aussichtsplattform aufgegeben werden musste. Es steht aber eine neue provisorische Aussichtsplattform kostenlos zur Verfügung, die einen Überblick über den Vorhafen der Schleuse bietet. Auf der Nordseite (Kanalstraße in Holtenau) werden außerdem Führungen angeboten.

In Brunsbüttel sind die zugänglichen Bereiche ebenfalls sehr stark eingegrenzt. Kamen Besucher früher bis an die Schleusenkammern heran, versperrt heute ein Zaun den Weg. Nur noch von zwei Plattformen aus, davon ist eine überdacht, können Besucher das Treiben in den Schleusenanlagen verfolgen.

Traumschiffe

Der Nord-Ostsee-Kanal wird auch „Straße der Traumschiffe" genannt. Denn von Ende April bis Ende September passieren Kreuzfahrtschiffe vieler Nationen die Wasserstraße zwischen Brunsbüttel und Kiel. Es sind bekannte Luxusliner wie die „Norwegian Dream", die „Europa", die „Astor" oder die „Maxim Gorkiy" darunter. Mehr als 130 Schiffe sind es in jeder Saison, die Tausende von Schaulustigen an die Kanalufer locken. Viele dieser Sehleute sind wahre Kenner, wissen über die Traumschiffe bestens Bescheid. Mit Campingstuhl und Picknickkorb versorgt, warten sie geduldig auf den Moment, in dem ihr Lieblingsschiff vorbeizieht. Erfahrene Sehleute kennen natürlich auch die schönsten Logenplätze. Warum, ist nicht bekannt, aber auf der Strecke zwischen der Fährstelle Breiholz und

Rendsburg säumen immer die meisten Schaulustigen die Ufer, wenn wieder einmal ein Kreuzfahrer erwartet wird. Ganz entzückt sind viele, wenn die 232 Meter lange und 29 Meter breite „Norwegian Dream" den Kanal passiert. Es gibt sogar Fan-Clubs, die jede Passage wie ein kleines Volksfest feiern. Die Ozeanriesen wirken wohl auch deshalb so faszinierend auf die Menschen, weil sie Reiselust und Fernweh wecken. Die Zaungäste am Kanalufer lassen sich von der Aura der Traumschiffe einfangen, träumen vielleicht davon, dass sie gerade durch die Südsee schippern.

Nur am Kanal bietet sich dieser Anblick von oben auf die Passagierschiffe

Die fast 29 000 BRT große „Amadea".
Nächste Seite: Der Star unter den Traumschiffen, die „Norwegian Dream".

NORWEGIAN DREAM

Tunnel

Als in den 1950er-Jahren sowohl der Schiffsverkehr auf dem Nord-Ostsee-Kanal als auch der Straßenverkehr erheblich zunahmen, entwickelte sich die Rendsburger Drehbrücke zu einem Engpass. Immer häufigere und längere Brückenöffnungen führten zu langen Staus auf der kreuzenden Bundesstraße. Es wurde deshalb der Rendsburger Straßentunnel konzipiert, zunächst mit einer Mittelröhre für Fußgänger und Radfahrer. Aus Platzgründen und weil gleichzeitig die Bundesstraße 77 als Umgehungsstraße westlich am Stadtgebiet von Rendsburg vorbeigeführt werden sollte, konnte der Tunnel mit seinen langen Rampen nicht direkt neben der Drehbrücke errichtet werden. Durch die Verlagerung 600 Meter weiter nach Westen wären für die Fußgänger jedoch erhebliche Umwege entstanden. Einsprüche von Bürgern führten schließlich zum Bau von zwei Tunnelbauwerken: einem für Fußgänger und einem für Fahrzeuge.

Der Fußgängertunnel, dessen Bau 1962 begann und der drei Jahre später eröffnet wurde, befindet sich direkt neben dem Standort der alten Drehbrücke. Er ist mit 55 Meter langen Rolltreppen ausgestattet, die es so in Europa nicht noch einmal geben soll. Deshalb ist dieses Bauwerk auch bei Touristen sehr beliebt. Für Rollstuhlfahrer und Radfahrer sind großzügige Fahrstühle vorhanden. Täglich nutzen den Fußgängertunnel etwa 3000 Fußgänger und Radler.

Der Straßentunnel mit zwei Röhren und zwei Fahrspuren je Fahrtrichtung wurde westlich der Stadt im Zuge der neu angelegten Bundesstraße 77 in den Jahren von 1957 bis 1961 gebaut. Die Fahrbahnen befinden sich etwa 22 Meter unter dem Kanalwasser.

Mit großem Aufwand stellt das Wasser- und Schifffahrtsamt den Betrieb der beiden Kanalunterführungen sicher. Beide Tunnel werden von einem Leitstand rund um die Uhr bewacht, wobei der Autotunnel aus Sicherheitsgründen im Vordergrund steht.

Autofahrer, die im Zuge der Bundesstraße 77 zwischen Itzehoe und Rendsburg durch den Kanaltunnel fahren, wissen oft gar nicht, dass ihre gesamte Tunnel-Passage von Videokameras überwacht wird. Im Leitstand können die Mitarbeiter der Kanalverwaltung auf 19 Bildschirmen

den gesamten Autoverkehr verfolgen und im Notfall alle nötigen Maßnahmen einleiten.
Viel zu tun haben die Leitstandmaschinisten an normalen Tagen nicht, dennoch ist ihre Arbeit nicht leicht. Stets müssen sie hellwach sein und schnell reagieren, wenn sich mal wieder ein Unfall ereignet hat. Zum Glück handelt es sich meistens nur um leichte Auffahrunfälle. In diesen Fällen reicht die Sperrung einer Fahrbahn oder einer ganzen Röhre. Anders bei schweren Unfällen. In solchen Fällen muss alles blitzschnell gehen: Vollsperrung, Rettungskräfte alarmieren und die riesigen Lüfter anschalten, die Autoabgase oder bei einem Feuer den Qualm aus dem Tunnel ziehen.
Die Rettungskräfte fahren grundsätzlich in die Röhre, in der nichts passiert

Fußgängertunnel unter dem Kanal.

RD OA 222

ist. Von dort können sie durch die Türen des 1,20 Meter breiten Mittelganges in die andere Fahrbahnröhre gelangen. Da es auf der gesamten Tunnellänge von 860 Metern in Abständen von 40 Metern Fluchttüren gibt, kommen die Retter sehr schnell und sehr nah an jede Unfallstelle heran.

Autofahrer können bei einem Notfall in den Mittelgang flüchten. Dort stehen neben jeder Tür zwei Feuerlöscher und ein Telefon griffbereit, das direkt mit dem Leitstand verbunden ist. Über eine Lautsprecheranlage sind die Leitstand-Mitarbeiter zudem in der Lage, die Verkehrsteilnehmer im Tunnel anzuweisen, wie sie sich nach einem Unfall oder einer Panne zu verhalten haben.

Machtlos ist die Überwachungszentrale dagegen bei Staus, zu denen es oft im morgendlichen Berufsverkehr auf der Fahrbahn in Richtung Süden kommt. Dies macht deutlich, dass die Kapazität des Tunnels an ihre Grenze stößt.

Jeden Tag passieren 45 000 bis 48 000 Fahrzeuge den Rendsburger Straßentunnel.

Weichen

Weichen heißen die Ausbuchtungen im Nord-Ostsee-Kanal, in die die Schiffe fahren, wenn sie dem Gegenverkehr ausweichen müssen. Die Verkehrslenkungsstelle bestimmt, welche Schiffe in den Weichen aufzustoppen haben. Hierfür stehen zehn Weichen entlang der Kanalstrecke sowie die Binnenhäfen Brunsbüttel und Holtenau zur Verfügung.
Manchmal geht es in den Weichen wie auf einem Autobahn-Parkplatz zu. Die Schiffe drängeln sich regelrecht in den Haltebuchten, um den Gegenverkehr passieren zu lassen. Die Schiffsbegegnungen in den Weichen sind ein Spektakel, das immer wieder viele Schaulustige anzieht.
An beiden Uferseiten jeder Weiche stehen zur Absicherung 70 Dalben, die jeweils aus 16 langen Holzpfählen bestehen, die am Kopfende verbunden sind. Sie ragen im Abstand von etwa 20 Metern nur wenige Meter aus dem Kanalwasser. Dadurch, dass Schiffe gegen die Dalben stoßen, werden die Pfahlgruppen stark in Mitleidenschaft gezogen. Deshalb müssen die Kanalämter jedes Jahr eine Vielzahl erneuern lassen.

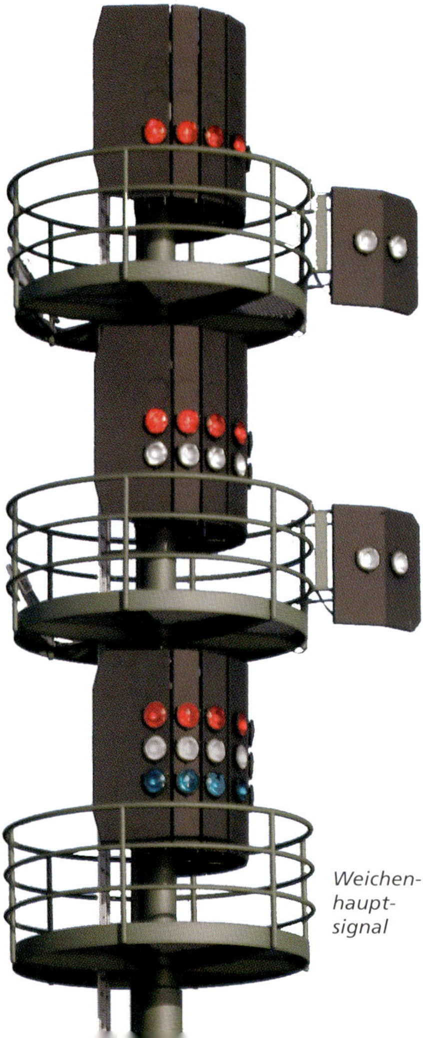

Weichenhauptsignal

Weichenhauptsignale

- Ausfahren für alle Fahrzeuge.

- Ausfahren verboten, Weichengebietsgrenze darf nicht überfahren werden, für Schleppzüge.

- Ausfahren verboten, Weichengebietsgrenze darf nicht überfahren werden, für Fahrzeuge der Verkehrsgruppe 2 und höher.

- Ausfahren verboten, Weichengebietsgrenze darf nicht überfahren werden, für Fahrzeuge der Verkehrsgruppen 3 und höher.

- Ausfahren verboten, Weichengebietsgrenze darf nicht überfahren werden, für Fahrzeuge der Verkehrsgruppen 4 und höher.

- Ausfahren verboten, Weichengebietsgrenze darf nicht überfahren werden, für Fahrzeuge der Verkehrsgruppen 5 und höher.

- Ausfahren verboten, Weichengebietsgrenze darf nicht überfahren werden, für alle Fahrzeuge.

BERIT
LONDON
AURA
LONDON
29
28
27
26

Weltlängste Sitzbank

Genau auf einer Länge von 501,35 Metern lässt es sich am nördlichen Kanalufer bei Rendsburg bequem sitzen. Denn dort steht die längste Bank der Welt, die 1989 sogar ins Guinness-Buch der Rekorde eingetragen wurde. Aufgestellt wurde die Holzbank auf Initiative des Rendsburger Verschönerungsvereins. Die Bank ist ein exklusiver Logenplatz und bietet einen herrlichen Blick auf die meistbefahrene künstliche Wasserstraße der Welt. Ein freier Platz findet sich hier auch dann noch, wenn die großen Traumschiffe Hunderte von Schaulustigen an die Kanalufer locken.

Auf der längsten Bank am nördlichen Kanalufer bei Rendsburg lässt es sich bequem sitzen.

Werften

Nicht direkt am Meer, aber trotzdem mit der weiten Welt verbunden. Aus diesem Grund haben sich am Nord-Ostsee-Kanal Werften angesiedelt.
In Rendsburg ist es die Werft Nobiskrug, im benachbarten Schacht-Audorf die Krögerwerft, die 1928 in Warnemünde durch die Gebrüder Kröger und Walter Brauer gegründet wurde. Der Betrieb entwickelte sich von einer kleinen Bootswerft zu einer Spezialwerft für schnelle Marineschiffe, Flugsicherungsboote und →*Yachten*. Nach Ende des Zweiten Weltkrieges gab es einen Neubeginn im Jahre 1946 in Schacht-Audorf. Das Unternehmen wuchs stetig und erweiterte seine Produktpalette sowohl im Handels- als auch im Marineschiffbau.
Seit 1987 gehört die Kröger Werft zur Bremer Lürssen Gruppe und beschäftigt etwa 250 Mitarbeiter im Neubau- und Reparaturbereich.
Basierend auf eigenen Entwicklungs- und Konstruktionskapazitäten gehören zur Produktpalette heute unter anderem Mega-Yachten, Forschungsschiffe, Marine-Neubauten, Handels- und Containerschiffe, Chemikalien- und Gastanker sowie Fischereifahrzeuge und Versorgungsschiffe.
Auf dem direkt am Nord-Ostsee-Kanal gelegenen Werftgelände stehen für Neubauten unter anderem eine Helling für Schiffe bis 140 Meter und große

Direkt am Kanal werden auf der Kröger Werft neue Schiffe gebaut.

Schiffbauhallen zur Verfügung. Da die Werft die Gemeinde Schacht-Audorf sehr prägt, wurde im Gemeindewappen ein Schiffsrohbau auf einer Helling abgebildet.

Eine wechselvolle Geschichte schreibt die Rendsburger Werft Nobiskrug, die von den Geschäftsleuten van Wienen und Storck 1905 als Reparaturbetrieb für Kanalbaufahrzeuge gegründet wurde.

Heute steht Nobiskrug, seit 2005 ein Unternehmen der ThyssenKrupp Marine Systems, für moderne Technik und Innovationen in den Bereichen Yachtbau, Schiffsneubau, Umbau und Reparatur. Mit etwa 400 Mitarbeitern hat Nobiskrug in den vergangenen 100 Jahren weit über 700 Neubauten und zahlreiche Umbauten abgeliefert.

Der Name Nobiskrug wurde übrigens von der alten Flurbezeichnung des Geländes, auf dem die Werft gegründet wurde, übernommen. In der Mythologie bedeutet Nobiskrug die letzte Raststätte im Diesseits auf dem Weg ins Jenseits. Historiker ordnen den Namen Nobiskrug als Bezeichnung für Schenke, Herberge und Gaststätte im norddeutschen Raum ein. Dieser Krug befand sich an Wegkreuzungen, Flussübergängen und an Grenzen.

Es ist nicht eindeutig belegt, ob sich in der Gemarkung Nobiskrug eine derartige Gaststätte befand, einen Flussübergang über die Eider hat es jedoch gegeben.

Auf der Werft Nobiskrug werden große, moderne Yachten gebaut.

Yachten und Motorboote

Etwa 15 000 Segelyachten und Sportboote fahren jedes Jahr durch den Nord-Ostsee-Kanal, an manchen Sommer-Wochenenden sind es Hunderte. Die Hobbyskipper kommen aus aller Herren Länder. Beliebt ist die Kanalfahrt bei den Freizeit-Kapitänen, weil sie einen schnellen und relativ sicheren Wechsel zwischen Nord- und Ostsee oder umgekehrt ermöglicht. Zumal die Kanalgebühren für Skipper gering sind.

Segelyachten und Sportboote werden in Brunsbüttel wie in Kiel-Holtenau durch die Alten Schleusen in den Kanal gelassen. Sie dürfen den NOK ohne Lotsenbegleitung passieren. Zugelassen sind die Sportboote aber nur tagsüber. Während der Dunkelheit herrscht ein striktes Fahrverbot, ebenso bei schlechter Sicht. Bei plötzlichem Nebel dürfen die Sportfahrzeuge an geeigneten Uferstellen anlegen. In den →*Weichen* sind hinter den Dalben, also zur Uferseite, Festmacherringe angebracht.

Liegeplätze für Motorboote und Segler sind folgende vorhanden: Yachthafen Brunsbüttel, Ausweichstelle

Am Kanal sind ausreichend Liegeplätze für Segler und Motorboote vorhanden.

Brunsbüttel-Nordseite, Liegestelle in der Wendestelle der Weiche Dückerswisch-Nordseite, Liegestelle vor der Gieselau-Schleuse, Liegestellen im Obereidersee, Liegestellen im Borg-

stedter See, Reede im Flemhuder See und der Yachthafen Kiel-Holtenau. Wie in der Berufsschifffahrt gilt auch für Sportboote eine Tempobegrenzung auf 15 Stundenkilometer, und die Skipper müssen so weit wie möglich rechts fahren. Vorsicht ist geboten, wenn Yachten an riesigen Pötten vorbeifahren, da die Sogwirkung gefährlich werden kann. Denn die Welle eines passierenden großen Frachters kann ohne Weiteres ein Sportboot auf die Kanalböschung drücken.

Zahlen

Der Nord-Ostsee-Kanal (NOK) hat eine Länge von 98,637 Kilometern, der Wasserspiegel ist 162 Meter breit, an einigen Stellen 102 Meter. Der Grund ist 90 Meter, teilweise 44 Meter breit. Zwischen Rendsburg und Kiel werden die Engpässe auf einheitliche 162 Meter verbreitert. Die gesamte Wasserstraße ist 11 Meter tief. Schiffe, die kürzer als 160 Meter und nicht breiter als 27 Meter sind, dürfen 9 Meter Tiefgang haben, Schiffe bis 235 Meter Länge und 32,5 Meter Breite nur 7 Meter. Höchstgeschwindigkeit: 8 Knoten (15 Stundenkilometer).

Zollboot „Brunsbüttel" auf einer Kontrollfahrt auf dem Kanal.

Zoll

Alle Schiffe, die den Nord-Ostsee-Kanal passieren, werden in den →*Schleusen* oder →*Häfen* vom Zoll kontrolliert. Zollämter gibt es in Kiel, Rendsburg und Brunsbüttel.

Etwa 24 Stunden vor dem Eintreffen muss sich ein Schiff anmelden. Das übernimmt ein Makler, der mitteilt, was der Frachter geladen hat. Vier bis zwei Stunden vor der Ankunft meldet sich zudem der Kapitän und teilt mit, wann er die Schleuse erreicht. Die Zollbeamten gehen nach dem Festmachen an Bord, lassen sich Ladepapiere und Rechnungsunterlagen vorlegen. Später geben sie die Daten ins elektronische System ein. Zoll muss für Artikel gezahlt werden, die aus Staaten außerhalb der Europäischen Union eingeführt werden. Die EU will sich so davor schützen, dass zu preisgünstige Waren aus Drittländern wie China die europäische Wirtschaft gefährden. Wenn Abgaben fällig sind, werden diese per Einzugsverfahren von einer zentralen Behörde in Kiel eingezogen. Allein das Zollamt in Brunsbüttel fährt für den Staat zwischen 7,5 und 10 Millionen Euro pro Jahr ein.

Die Zollflagge wird gehisst. Eine Zollflagge ist zu führen von den Handelsschiffen, die nicht zolltechnisch einklariert sind und sich in den Hoheitsgewässern Deutschlands aufhalten.

Doch mit der routinemäßigen Abfertigung ist es für die Zöllner nicht getan. Fällt ihnen etwas Illegales auf oder haben sie auch nur den Verdacht, schalten sie ihre Kollegen vom Zollkommissariat ein. Die sind in der Truppe so etwas wie die Polizei, suchen unter anderem nach Drogen. Sie verfügen über Suchhunde und können Taucher anfordern, die die Wasserauslässe der Schiffe inspizieren. Denn darin verstecken die Schmuggler gern ihre Drogenpakete. Gemogelt, davon gehen die Zollbeamten aus, wird in irgendeiner Form fast immer. Und sind es nur Besatzungsmitglieder, die mit dem Schmuggel von Schnaps und Zigaretten ihre Mini-Heuer aufbessern.

Verändert hat sich die Arbeit der Zollbeamten am Nord-Ostsee-Kanal in den vergangenen Jahren durch den zunehmenden Ostblock-Verkehr. Die Seeleute auf den Schiffen aus Polen, Litauen oder Russland sprechen teilweise sehr schlecht Englisch, was die Verständigung erschwert und die Abfertigung verlängert. Im Durchschnitt benötigen die Beamten etwa eine Stunde pro Schiff, wenn alles in Ordnung ist.

Da die Liegezeiten immer kürzer geworden sind und kein Schiff unnötig an den Schleusen warten möchte, ist der Zoll rund um die Uhr besetzt.

Inhalt

Quellen

Der Nord-Ostsee-Kanal, eine Fotochronik der Baugeschichte, Walter Schulz, Boyens Verlag, Heide 1995.

Von der Ostsee bis zur Elbe: Eine Wanderung entlang des Nord-Ostsee-Kanals, Rudolf Horstmann, Wachholtz Verlag, Neumünster 1990.

Der Nord-Ostsee-Kanal, Verlag Lühr & Dircks, St. Peter-Ording 1980.

Chronik des Dorfes Rade, 1998.

Der Nord-Ostsee-Kanal, Michael Heidbrink/Heinz Teufel, Ellert & Richter Verlag, Hamburg 1995.

Mitten durchs Land, Dietrich Habbe/Werner Junge, Habbe Edition, Molfsee 1995.

100 Jahre Geschichte des Nord-Ostsee-Kanals, K. E. Kaminski, Verlag Heinrich Möller Söhne, Rendsburg1987.

Archiv Norddeutsche Rundschau, Itzehoe.

Umschlag: Schleuse Holtenau und Brunsbüttel.
Vorsatz vorne: NOK bei Grünental.
Vorsatz hinten: Kanalausfahrt in die Elbe.

Bildnachweis: Seite 6: Wasser- und Schifffahrtsdirektion Nord, Kiel, Seite 36: Noctalis, Welt der Fledermäuse, Segeberg, Seite 52/53: Peter Backens, Marne, Seite 55: Landesbibliothek Kiel, Seite 60/61: Archiv Pump.

Bibliografische Information Der Deutschen Bibliothek

Die Deutsche Bibliothek verzeichnet diese Publikation in der Deutschen Nationalbibliografie; detaillierte bibliografische Daten sind im Internet über http://dnb.ddb.de abrufbar.

Gesamtherstellung: Husum Druck- und Verlagsgesellschaft
Postfach 1480, D-25804 Husum – www.verlagsgruppe.de
ISBN 978-3-89876-319-6

ORION
CUXHAVEN